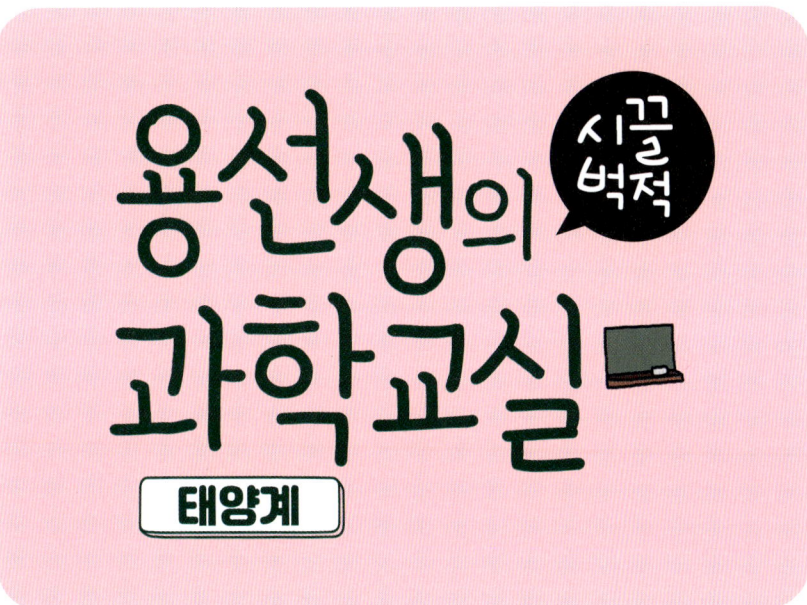

사회평론

글 사회평론 과학교육연구소
대학에서 오랫동안 과학을 연구한 전문가들이 모여, 우리 아이들이 쉽고 재미있게 공부할 수 있는 책을 만들고 있습니다.

글 김형진 (사회평론 과학교육연구소 연구원)
연세대학교 천문대기과학과를 졸업하고 같은 대학교 대학원에서 석사, 박사 학위를 받았습니다. 과학자를 꿈꾸는 아이들에게 올바른 과학 개념과 과학적 태도를 함께 키울 수 있는 방법을 전달하기 위해 노력하고 있습니다. 현재 사회평론 과학교육연구소 연구원으로 과학책을 만들고 있습니다.

글 설정민 (사회평론 과학교육연구소 연구원)
서울대학교 생물학과를 졸업하고 같은 대학교 대학원에서 석사 학위를 받은 뒤 박사 과정을 수료하였습니다. 아이에게 과학을 쉽고 재미있게 얘기해 주려 노력하다 보니 어린이를 위한 책을 만드는 일에도 관심을 가지게 되었습니다. 현재 사회평론 과학교육연구소 연구원으로 과학책을 만들고 있습니다.

글 이명화 (사회평론 과학교육연구소 연구원)
서울대학교 물리교육과를 졸업하고 같은 대학교 대학원에서 석사, 박사 학위를 받았습니다. 10여 년간 중학교에서 과학을 가르쳤으며, 미국 아리조나 주립대에서 물리학으로 박사 학위를 받고 독일, 미국, 영국에서 연구원으로 근무하였습니다. 쉽고 재미있는 과학책을 쓰는 일에 관심을 갖고 있으며, 현재 사회평론 과학교육연구소 연구원으로 과학책을 만들고 있습니다.

그림 김인하
시각디자인을 전공하고 1999년 월간지에 만화를 연재하며 작품 활동을 시작하였습니다. 《건방진 우리말 달인》, 《똑똑한 어린이 대화법》 등에 그림을 그렸습니다. 이 책을 읽는 어린이들의 밝은 미래를 기원합니다.

그림 뭉선생
2004년 LG 동아 국제만화 공모전에 입상하며 작품 활동을 시작했습니다. 그린 책으로 《조지의 우주를 여는 비밀 열쇠》 시리즈, 《용선생 만화 한국사》 시리즈, 《용선생 처음 한국사》 시리즈, 《용선생 처음 세계사》 시리즈 등이 있습니다.

그림 윤효식
2002년 《소년 챔프》에 〈신검〉으로 데뷔하여 어린이에게 유익한 학습 만화를 그리고 있습니다. 그린 책으로 《마법천자문 사회원정대》 시리즈, 《용선생 만화 한국사》 시리즈, 《용선생 처음 한국사》 시리즈, 《용선생 처음 세계사》 시리즈 등이 있습니다.

감수 맹승호
서울대학교 지구과학교육과를 졸업하고 한국교원대학교 과학교육과 대학원에서 석사, 서울대학교 과학교육과 대학원에서 박사 학위를 받았습니다. 현재 서울교육대학교 과학교육과 교수로 재직 중입니다. 대화를 이용한 과학 학습에 많은 관심을 가지고 있습니다. 함께 지은 책으로 《일곱 빛깔 지구과학》, 《주말 지질 여행》 등이 있습니다.

캐릭터 이우일
홍익대학교에서 시각디자인을 공부한 만화가입니다. 그림책 작가인 아내 선현경, 딸 은서, 고양이 카프카와 함께 그림을 그리고 글을 쓰며 살고 있습니다. 지은 책으로 《우일우화》, 《옥수수빵파랑》, 《좋은 여행》, 《고양이 카프카의 고백》 등이 있고, 그린 책으로 《노빈손》 시리즈, 《용선생의 시끌벅적 한국사》 시리즈, 《교양으로 읽는 용선생 세계사》 시리즈 등이 있습니다.

용선생의 시끌벅적 과학교실

태양계

글 사회평론 과학교육연구소 | 그림 김인하·붕선생·윤효식 | 감수 맹승호 | 캐릭터 이우일

태양계의 끝엔 무엇이 있을까?

사회평론

프롤로그

여러분, 안녕? 과학반을 맡은 용선생이야. 내 명성은 익히 들어 봤겠지? 역사반과 세계사반을 모두 훌륭하게 성공시키며 방과 후 교실 최고의 인기 교사가 된 그 용선생이란다. 교장 선생님께서 특별히 부탁하셔서 이번에는 과학반을 맡게 되었어. 어찌나 사정을 하시던지 도무지 거절할 수가 없었지 뭐야. 그래서 이 몸이 깜짝 놀랄 수업을 준비했단다.

우리의 수업은 언제나 질문과 함께 출발해. 세상을 둘러보다가 누군가 "저건 왜 그래요?" 하고 질문하면 바로 그 순간 수업이 시작되는 거지. 이제부터 용선생의 시끌벅적 과학교실을 제대로 즐기는 방법을 하나씩 알려 줄게.

첫째, 과학반 친구들과 함께 호기심을 갖고 질문해 봐. 과학을 어렵게만 생각하지 말고, 매 교시마다 아이들이 어떤 호기심을 가지는지 관심을 가져 봐. 과학반 친구들과 함께 '왜 그럴까?', '어떻게 알아낼 수 있을까?' 고민하다 보면 어렵던 과학도 쉽게 느껴질 거야.

둘째, 어려운 내용은 사진과 그림으로 이해해 봐. 어려운 과학 개념과 원리를 한 장의 사진이나 그림을 통해 단숨에 이해할 수도 있어. 그래서 너희를 위해 사진과 그림을 많이 준비했단다. 글을 읽다가 어렵다 싶으면 옆에 있는 사진과 그림을 봐. 잘 이해되지 않던 내용이 틀림없이 술술 이해될 거야.

셋째, 배운 내용을 되새기며 머릿속에 정리해 봐. 왁자지껄한 수업을 마치고 나면 뭘 배웠는지 정리가 안 될 때도 있을 거야. 그럴 때를 대비해 중간중간 핵심 정리를 준비했어. 또 배운 내용을 4컷 만화로 재미있게 요약해 두었지. 게다가 교시기 끝날 때마다 나선애의 정리노트도 마련했단다. 이 정도면 학습 정리는 문제없겠지?

과학은 분야도 다양하고 배울 내용도 아주 많아. 쉽게 이해할 수 있는 부분도 있지만, 여러 번 곰곰이 생각해 봐야 알 수 있는 부분도 있지. 이 책을 여러 번 다시 읽다 보면 구석구석 빠짐없이 모두 이해될 거야.

자, 이제 용선생의 시끌벅적 과학교실을 제대로 즐길 준비가 됐겠지? 그럼 신나는 수업을 시작해 볼까?

차례 | 태양계

1교시 | 태양계란?

태양계는 어떤 모습일까?

태양계의 끝은 어디일까? … 13
보이저호가 도착한 곳은 어디일까? … 17
태양계 가족을 소개합니다 … 19
가족사진에서 태양이 빠진 까닭 … 21

나선애의 정리노트 … 24
과학퀴즈 달인을 찾아라! … 25
용선생의 과학 카페 … 26
 - 태양계의 진실을 찾아서

교과연계
초 5-1 태양계와 별 | 중 2 태양계

3교시 | 수성과 금성

태양과 제일 가까운 행성은?

새벽에 뜨는 샛별의 정체는? … 46
금성이 반짝반짝 빛나는 이유 … 51
수성과 금성의 공통점은? … 55

나선애의 정리노트 … 58
과학퀴즈 달인을 찾아라! … 59
용선생의 과학 카페 … 60
 - 외계인의 지구 조사 보고서

교과연계
초 5-1 태양계와 별 | 중 2 태양계

2교시 | 태양

태양이 주변에 미치는 영향은?

태양은 왜 빛날까? … 31
빛나는 공의 얼굴 … 34
태양풍이 불어 나오는 곳 … 38

나선애의 정리노트 … 42
과학퀴즈 달인을 찾아라! … 43

교과연계
초 5-1 태양계와 별 | 중 2 태양계

4교시 | 화성
제2의 지구는 어디일까?

지구를 떠난다면 어디로 가지? … 64
화성에도 여름이 있을까? … 69
화성에 가기 좋은 때는? … 72

나선애의 정리노트 … 76
과학퀴즈 달인을 찾아라! … 77

교과연계
초 5-1 태양계와 별 | 중 2 태양계

6교시 | 작은 천체들
태양계의 또 다른 식구는?

명왕성이 행성에서 탈락한 까닭은? … 99
왜소 행성은 어디에 있을까? … 102
작은 소행성이 맵다 … 106

나선애의 정리노트 … 110
과학퀴즈 달인을 찾아라! … 111
용선생의 과학 카페 … 112
 - 태양계의 말괄량이, 혜성

교과연계
초 5-1 태양계와 별 | 중 2 태양계

5교시 | 목성과 토성
고리가 있는 행성은?

목성은 고리가 있다? 없다? … 81
거대한 목성의 신비 … 84
토성은 왜 줄무늬가 희미할까? … 89

나선애의 정리노트 … 92
과학퀴즈 달인을 찾아라! … 93
용선생의 과학 카페 … 94
 - 천왕성과 해왕성을 빼놓지 말라고!

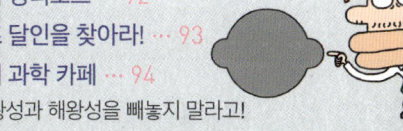

교과연계
초 5-1 태양계와 별 | 중 2 태양계

가로세로 퀴즈 … 114
교과서 속으로 … 116

찾아보기 … 118
퀴즈 정답 … 119

등장인물

용쓴다 용써!
용선생

- 체력 ★★★
- 지력 ★★★★★
- 감성 ★★★
- 호기심 ★★★★★
- 유머 ★★

열정이 가득한 과학 선생님. 하늘을 향해 거침없이 솟은 머리카락과 삐죽삐죽한 수염이 매력 포인트. 생생한 과학 수업을 하기 위해 물불을 가리지 않는다.

장하다 장해!
장하다

- 체력 ★★★★★
- 지력 ★
- 감성 ★★★★
- 호기심 ★★★★★
- 유머 ★★★★★

'튼튼하게만 자라 다오.'라는 아버지의 소원대로 튼튼하게 자랐다. 성격은 일등, 성적은 비밀이다. 시험을 못 봐도 씩씩하고, 엉뚱한 질문으로 수업에 활력을 준다.

오늘도 나선다!
나선애

- 체력 ★★★★
- 지력 ★★★★
- 감성 ★★★
- 호기심 ★★★★★
- 유머 ★★★

과학자를 꿈꾸는 우등생. 공부도 잘하고 아는 게 많아서 모든 일에 앞장서는 타입이다. 겉으로는 차가워 보이지만 내심 따뜻한 면도 가지고 있다. 전혀 티가 안 나서 그렇지.

잘난 척 대장
왕수재

- 체력 ★★★
- 지력 ★★★★
- 감성 ★
- 호기심 ★★★★★
- 유머 ★

세상에서 자기가 제일 잘난 줄 안다. '천재는 외로운 법이고 질투의 대상인 법'이라나. 친구들에게 간쪽거리는 데에도 천재적이다. 그래도 수업에는 늘 적극적으로 참여한다.

낭만 가득
허영심

체력 ★★★★★
지력 ★★★
감성 ★★★★★
호기심 ★★★★★
유머 ★★

감성이 풍부해도 너무 풍부하다. 떨어지는 낙엽이나 밤하늘의 별을 보며 눈물짓고, 조그만 벌레와 대화를 나누는 사차원 성격. 하지만 누구보다 정이 많고 낭만적이다.

과학반 귀염둥이
곽두기

체력 ★★★
지력 ★★★★
감성 ★★★★
호기심 ★★★★★
유머 ★★★★

형과 누나들의 귀여움을 독차지하는 과학반 막내. 나이도 가장 어리고 타고난 동안이라 언뜻 보면 유치원생 같다. 훈장 할아버지 덕에 어려운 단어를 줄줄 꿰고 있다.

우리를 찾아봐!

태양
태양계 중심에서 스스로 빛을 내는 별이야.

금성
지구에서 가장 가까운 행성으로 매우 밝게 보여.

화성
표면이 붉은 행성이야. 제2의 지구가 될 가능성이 높아.

목성
태양계에서 가장 큰 행성이야. 희미한 고리가 있어.

토성
태양계에서 두 번째로 큰 행성으로 선명한 고리가 있어.

소행성
불규칙한 모양의 천체로 금속 또는 바위로 이루어져 있어.

1교시 | 태양계란?

태양계는 어떤 모습일까?

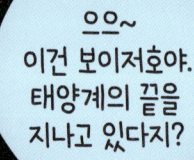

우아! 멋진 우주 탐사선이다!

으으~ 이건 보이저호야. 태양계의 끝을 지나고 있다지?

교과연계

초 5-1 태양계와 별
중 2 태양계

태양계의 끝?
그게 뭐야?

하하!
태양계의 끝이
어딘지 함께
알아볼까?

1 **태양계란?**
2 태양
3 수성과 금성
4 화성
5 목성과 토성
6 작은 천체들

"보이저호, 태양계 끝을 지나다. 너네 이 말이 무슨 뜻인지 알아?"

왕수재가 잡지 표지를 보여 주며 묻자 아이들이 하나둘 다가와 관심을 보였다.

"유명한 과학 잡지 같은데."

"보이저호가 뭐야?"

"태양계 끝을 지났다는 건 또 뭐지?"

마침 용선생이 교실에 들어서자 왕수재가 잽싸게 용선생에게 달려가 물었다.

"선생님, 이게 무슨 말이에요?"

"어라? 이거 언제 나온 잡지니?"

"이거 삼촌이 어제 저 보라고 준 거예요! 선생님, 보이저호는 뭐고, 태양계 끝을 지났다는 건 무슨 말이에요?"

태양계의 끝은 어디일까?

"보이저호는 미국 항공 우주국(NASA)에서 쏘아 올린 무인 우주 탐사선이야. 보이저호의 임무는 태양계에서 지구보다 바깥쪽에 있는 것들을 살펴보는 것이지."

"지구보다 바깥쪽이요?"

아이들이 고개를 갸웃했다.

"응. 보이저호는 발사된 후 아주 오랫동안 태양 반대쪽을 향해 날아갔어. 그러다 몇 년 전 드디어 태양계 끝을 벗어났지. 이건 그때 나온 잡지야."

왕수재가 이마를 치며 탄식했다.

"몇 년 전이라고요? 난 최신판인 줄 알았는데!"

그때 나선애가 손을 들고 말했다.

"그런데 태양계에 끝이 있다는 말은 처음 들어요."

"맞아, 태양계엔 끝이 있어. 태양계라는 말은 태양과 태양의 영향을 받는 천체들 그리고 이들이 차지하는 공간을 가리키거든. 다시 말해 태양의 영향이 미치는 곳까지를 태양계라고 부르는 거지."

"태양의…… 영향이요?"

아이들이 알쏭달쏭한 표정을 짓자 용선생이 웃으며 다

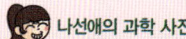

나선애의 과학 사전

무인 없을 무(無) 사람 인(人). 사람이 없다는 뜻이야. 사람이 타지 않는 우주선을 무인 우주선, 사람이 타고 가는 우주선을 유인 우주선이라고 하지.

▲ **보이저호** 1977년에 1호와 2호가 우주로 발사되었어. 보이저 1호는 2012년에, 2호는 2018년에 태양계 끝을 지났어.

곽두기의 낱말 사전

영향 그림자 영(影) 울릴 향(響). 어떤 것이 다른 것에 작용이나 효과를 미치는 것을 말해.

나선애의 과학 사전

천체 하늘 천(天) 물체 체(體). 우주에 존재하는 물체를 통틀어 천체라고 해. 여기에는 태양, 지구, 달 등이 모두 포함되지.

시 말했다.

"하하, 말 그대로 태양은 주변에 여러 가지 영향을 미쳐. 지구에 낮과 밤이 생기는 것도 태양의 영향 아니겠니?"

"아하!"

"태양의 영향은 그것 말고도 다양해. 그중 무엇을 기준으로 삼느냐에 따라 태양계의 끝도 달라지지."

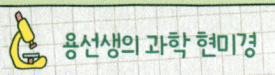
용선생의 과학 현미경

중력으로 다른 물체를 끌어당긴다고?

모든 물체는 서로를 끌어당겨. 이 힘을 중력이라고 해. 중력이 있어 지구는 지표면 위에 있는 모든 물체를 당기고, 태양은 태양계에 있는 모든 천체를 당기지. 지구의 중력 때문에 사과가 나무에서 떨어지고, 태양의 중력 때문에 지구가 태양 주위를 도는 것처럼 말이야. 태양이나 지구 같은 천체들은 스스로의 중력 때문에 우주로 흩어지지 않고 둥근 모양을 유지해. 물체를 이루는 물질의 양을 질량이라고 하는데, 중력은 물체의 질량이 클수록, 또 물체 사이의 거리가 가까울수록 커.

▲ 지구는 주변 물체들을 끌어당겨.

▲ 태양은 지구를 포함한 주변 천체들을 끌어당겨.

"어떤 기준들이 있는데요?"

"보통은 태양의 중력을 기준으로 해."

"중력? 중력은 지구가 끌어당기는 힘 아니에요?"

"오, 그것도 중력이야! 정확히 말하면 중력은 물체들이 서로 끌어당기는 힘을 말해. 태양도 중력이 있어서 주변 천체들을 끌어당기지. 그래서 태양계 천체들이 태양 주위를 빙빙 도는 거야."

"중력 때문에 태양 주위를 빙빙 돈다고요?"

"응. 태양 주변에 있는 천체들은 일정한 궤도를 따라 태양 주위를 돌아. 태양의 중력을 기준으로 하면 이러한 천체들이 있는 곳까지를 태양계라고 볼 수 있어."

왕수재가 눈을 크게 뜨며 물었다.

"그런 천체들이 어디까지 있는데요?"

용선생은 슬쩍 웃으며 그림을 한 장 띄웠다.

"그림을 보렴. 여기 바깥쪽에 뿌옇게 표시된 부분이 있지? 이 부분을 오오트구름이라고 불러."

> **곽두기의 낱말 사전**
>
> **궤도** 바퀴자국 궤(軌) 길 도(道). 물체가 움직이는 길을 말해.

> **용선생의 과학 현미경**
>
> 처음으로 오오트구름의 존재를 주장한 네덜란드의 천문학자 얀 오오트의 이름을 딴 거야. 실제 구름은 아니고 뿌옇게 보이는 게 구름 같아서 이런 이름이 붙었어. 오르트구름이라고도 해.

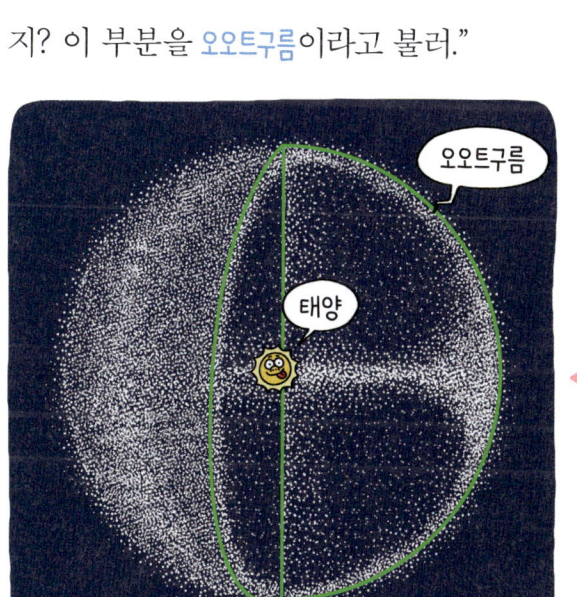

◀ **오오트구름** 태양의 중력을 기준으로 할 때 태양계가 끝나는 곳이야. 작은 천체들이 구름처럼 태양계를 감싼 모습이지.

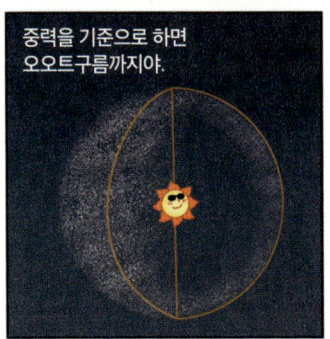

"엥? 웬 가루 같은 것들이 구름처럼 모여 있어요!"

"이건 먼지나 얼음 같은 걸로 이루어진 작은 천체들이야. 태양의 중력 때문에 밖으로 나가지 못하고, 마치 공 껍질 모양으로 태양계를 감싸고 있어. 태양의 중력이 여기까지 미치지."

"정말 공 껍질 같은 모양이네요."

"그렇지? 태양에서 오오트구름까지의 거리는 태양과 지구 사이 거리의 5만 배 정도 돼."

"커헉! 5만 배요?"

"응. 태양에서 지구까지의 거리는 약 1억 5000만 km(킬로미터)인데, 그 거리의 5만 배라니 정말 어마어마하지?"

"으아! 도대체 태양계의 끝은 얼마나 먼 거예요?"

"하하! 그만큼 태양계가 엄청나게 크다는 말이지."

"보이저호가 그렇게 멀리까지 간 거예요?"

허영심이 묻자 용선생이 씩 웃으며 손가락을 좌우로 흔들었다.

핵심정리

태양계는 태양과 태양의 영향을 받는 천체들 그리고 이들이 차지하는 공간을 일컫는 말이야. 태양의 중력을 기준으로 할 때 태양계의 끝은 오오트구름까지야.

 ## 보이저호가 도착한 곳은 어디일까?

"아니, 아직 거기까지는 못 갔어. 보이저호가 도착한 태양계의 끝은 오오트구름이 아니란다."

"그럼 어디예요? 혹시 태양 빛이 끝나는 곳?"

"오, 그것도 좋은 생각이지만 태양 빛은 아니야. 빛은 어디까지 가는지 정확히 알아내기 어렵거든. 손전등을 비출 때를 한번 떠올려 보렴. 빛이 어디서 끝나는지 정확히 표시하기 좀 애매하지 않니?"

"생각해 보니 그러네요. 그럼 어딘데요?"

"바로 태양풍이 멈추는 곳이야. 태양처럼 빛을 내는 천체에서는 플라스마라는 입자가 뿜어져 나와. 태양에서도 플라스마가 뿜어져 나오는데, 마치 태양에서 바람이 불어 나오는 것 같다고 해서 이것을 태양풍이라고 불러. 보이저호가 도착한 태양계의 끝은 바로 태양풍이 멈추는 곳이지."

"태양풍이요? 우아, 이름 멋지다!"

"그럼 태양계의 끝을 정하는 기준이 두 가지예요? 하나는 태양의 중력이고, 또 하나는 태양풍이요."

"맞았어! 정말 똑똑하구나. 원래 플라스마 입자는 이론상으로 우주 공간을 무한히 나아갈 수 있어. 하지만 실제

 용선생의 과학 현미경

액체가 열을 받으면 기체가 되고 기체가 강한 열을 받으면 플라스마가 돼. 플라스마는 우리 눈에 보이지 않는 물질의 상태로, 태양과 같이 빛을 내고 뜨거운 천체에서 많이 생겨 나와. 플라스마는 전기를 띠고 자석에도 영향을 받아.

 곽두기의 낱말 사전

입자 낱알 입(粒) 아들 자(子). 눈으로 보기 어려울 정도로 매우 작은 알갱이를 말해.

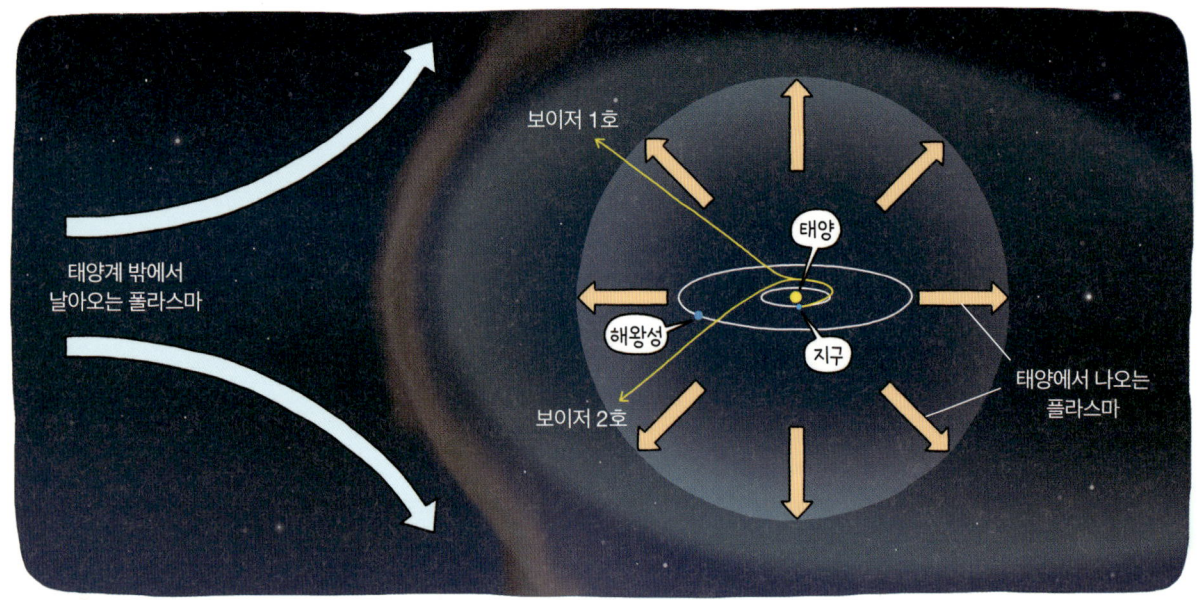

▲ **보이저호의 이동** 보이저 1호와 2호는 태양풍이 멈추는 지점에 도달했어.

로는 태양계 바깥에서 날아온 플라스마에 부딪혀 멈추게 되지. 우주에는 태양 말고도 빛을 내며 플라스마를 내뿜는 천체가 아주 많거든."

"태양풍이 어디서 멈추는데요?"

"태양으로부터 약 140억 km 떨어진 곳이야. 이는 태양과 지구 사이 거리의 100배 정도이지."

"에이, 오오트구름은 5만 배인데 훨씬 가깝네요."

"선생님, 그냥 오오트구름이 너무 머니까 좀 가까운 데로 기준을 또 만든 거 아니에요?"

"하하, 그렇게 생각할 수도 있지. 하지만 이곳도 알고 보면 아주 멀다고. 보이저호는 여기까지 도달하는 데 무려 40년이나 걸렸거든."

무려 40년!

"끼힉! 40년?"

"하하, 그래. 보이저호는 인류가 만들어 우주로 보낸 장치 중 가장 멀리까지 간 탐사선이란다."

"우아! 보이저호가 어디까지 갈지 정말 기대돼요!"

태양풍을 기준으로 할 때 태양계의 끝은 태양으로부터 약 140억 km까지야. 보이저호가 도착한 태양계의 끝은 이 지점이야.

태양계 가족을 소개합니다

"자, 이제 태양계에 어떤 천체들이 있는지 알아볼까?"

그때 곽두기가 조용히 손을 들었다.

"선생님, 저 알 것 같아요. 혹시 수금지화…… 이런 거 아닌가요?"

용선생이 반가운 얼굴로 답했다.

"맞아! 너희 '수금지화목토천해'라는 말 들어 봤니?"

"네!"

"이건 바로 태양 주위를 도는 천체들의 앞 글자를 딴 말

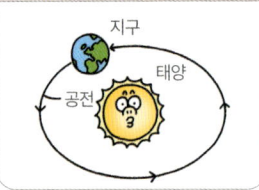

나선애의 과학 사전

공전 한 천체가 다른 천체의 둘레를 일정하게 도는 것을 말해. 지구는 1년에 걸쳐 태양 둘레를 한 번 공전하지.

나선애의 과학 사전

왜소 행성 태양 주위를 도는 천체 중에 행성보다 작고 소행성보다는 큰 천체를 말해. 태양계에는 왜소 행성이 5개 있어.

소행성 태양 주위를 도는 천체 중 행성처럼 둥글지 않은 작은 천체야. 현재까지 발견된 소행성은 20만 개가 넘어.

혜성 태양 주위를 도는 작은 천체 중 태양에 가까워지면 꼬리가 생기는 천체야. 대표적으로 핼리 혜성이 있어.

이야. 태양과 가까운 것부터 수성, 금성, 지구, 화성, 목성, 토성, 천왕성, 해왕성을 가리키지."

"아, 그게 그 말이었구나. 킥킥!"

"태양 주위를 공전하는 천체 중 어느 정도 크기가 있고 모양이 둥근 것을 '행성'이라고 해. 태양계에는 지구를 포함해 행성이 8개 있지."

"그런데 달도 있잖아요. 달은 뭐예요?"

"달은 지구 주위를 돌지? 달처럼 행성 주위를 도는 천체는 '위성'이라고 해. 태양계에는 달 외에도 목성 주위를 도는 이오, 토성 주위를 도는 타이탄 같은 위성이 있단다."

"태양 주위를 도는 건 행성이고, 행성 주위를 도는 건 위성이네요."

"그렇지. 태양계에는 태양과 행성, 위성 외에도 왜소 행성, 소행성, 혜성 같은 작은 천체들도 있어. 이들 모두가 태양계

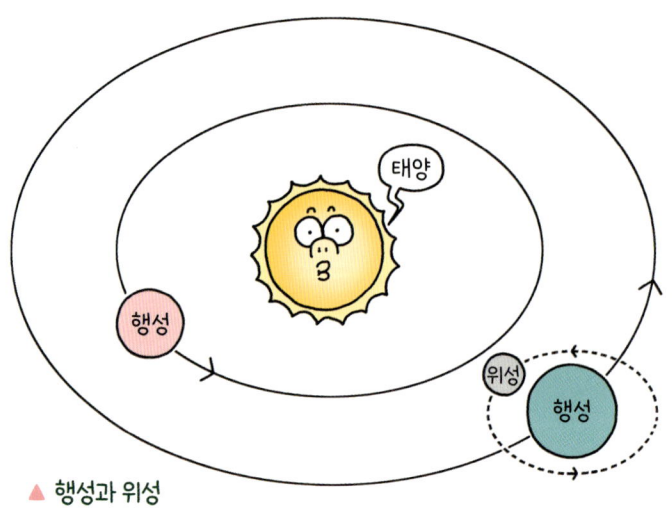

▲ 행성과 위성

의 가족이지."

"태양계는 식구가 엄청 많군요!"

> **핵심정리**
>
> 태양계의 천체로는 태양, 행성, 위성, 왜소 행성, 소행성, 혜성 등이 있어.

 ## 가족사진에서 태양이 빠진 까닭

"근데 하다는 아까부터 스마트폰으로 뭘 보니?"

용선생이 묻자 장하다가 화면을 보여 주며 말했다.

"태양계 사진을 찾고 있었어요."

용선생은 스마트폰 화면을 보곤 웃으며 말했다.

"마침 잘됐군. 우리 하다가 찾은 그림을 함께 볼까?"

용선생이 화면에 그림을 띄우자 왕수재가 심드렁하게 말했다.

"저는 많이 본 그림이에요. 별로 특이할 것도 없네요."

"그럼 이게 잘못된 그림이란 것도 아니?"

"네에? 어째서요?"

"일단 태양과 각 행성들 사이의 거리가 잘못 표현됐어. 실제 거리를 그림으로 나타내면 이 정도란다."

▲ **태양계 행성들의 거리 관계** 그림의 숫자는 태양과 지구 사이의 거리(약 1억 5000만 km)를 1로 잡았을 때 태양과 각 행성 사이의 거리가 몇 배인지 나타낸 거야. 그림에서 천체들의 크기는 정확하지 않아.

"오호, 태양에서 멀어질수록 행성 사이의 거리가 멀어지네요."

"이뿐만이 아니야. 하다가 찾은 그림은 천체들의 크기도 잘못 표현됐어. 그 그림에서는 행성들의 크기가 비슷비슷

▲ **태양계 행성들의 크기 관계** 그림의 숫자는 지구의 크기를 1로 잡았을 때 각 천체의 크기가 몇 배인지 나타낸 거야. 그림에서 행성 사이의 거리는 정확하지 않아.

지구와 금성, 수성과 화성, 천왕성과 해왕성은 크기가 비슷해!

한데, 실제로는 위 그림처럼 서로 크기가 달라."

"오, 그렇군요. 그런데 그림에서 태양은 어디 있어요?"

"태양은 너무 커서 한 그림에 담을 수 없어. 말하자면 이건 태양이 빠진 태양계 가족사진인 셈이지. 하지만 태양계에서 태양은 아주 중요한 존재야. 하하!"

"아하! 우리 과학반의 중심이 선생님인 것처럼요?"

"어이구? 웬일로 아부를 다 하고 그럴까?"

"헤헤, 웬일은요. 간식 부탁드린다는 뜻이죠."

"내 그럴 줄 알았다. 허허!"

 핵심정리

태양에서 멀어질수록 행성 사이의 거리는 멀어져. 또한 태양계 행성들은 서로 크기가 달라. 태양은 다른 행성들과 한 그림에 담기 어려울 정도로 크기가 매우 커.

나선애의 정리노트

1. 태양계
① 태양과 태양의 영향을 받는 천체들 그리고 이들이 차지하는 공간

2. 태양계의 끝
① 태양의 ⓐ [ ]을 기준으로 할 때
- 오오트구름: 태양과 지구 사이 거리의 5만 배 바깥에 있으며, 작은 천체들이 공 껍질 모양으로 모여 있음.

② 태양풍을 기준으로 할 때
- 태양풍(태양에서 나오는 플라스마 입자들)이 멈추는 곳까지임.
- 태양과 지구 사이 거리의 100배 바깥에 있음.
- ⓑ [ ]가 통과한 곳

3. 태양계의 가족
① ⓒ [ ] : 태양계의 중심에 있으며, 태양계의 다른 천체들에 비해 매우 큼.
② ⓓ [ ] : 태양 주위를 도는 천체로 둥글고 크기가 큼.
- 수성, 금성, 지구, 화성, 목성, 토성, 천왕성, 해왕성

③ ⓔ [ ] : 행성 주위를 도는 천체
- 달, 이오, 타이탄 등

④ 그 외 작은 천체들: 왜소 행성, 소행성, 혜성 등

ⓐ 중력 ⓑ 보이저호 ⓒ 태양 ⓓ 행성 ⓔ 위성

 과학퀴즈 달인을 찾아라!

● 정답은 119쪽에

01

친구들이 이번 시간에 배운 내용에 대해 이야기하고 있어. 옳으면 O, 옳지 않으면 X를 표시해 줘.

① 보이저호는 태양의 중력을 벗어났어. (   )
② 태양계 행성은 모두 8개야. (   )
③ 태양계 행성들의 크기는 모두 비슷비슷해. (   )

02

보이저호가 지구에서 출발해서 태양계 바깥쪽으로 날아가고 있어. 보이저호가 만나는 행성을 순서대로 연결해서 올바른 길을 안내해 줘.

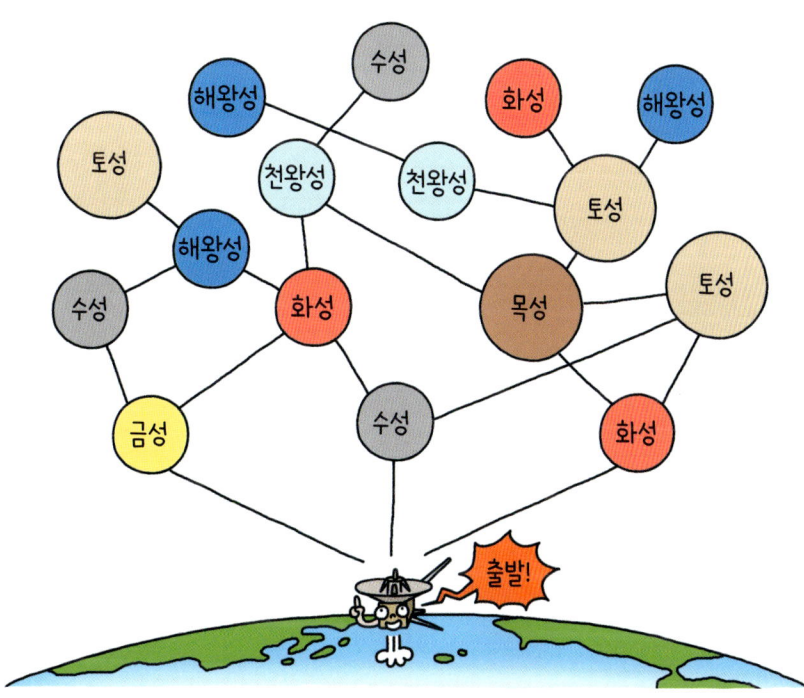

용선생의 과학 카페 | 용선생의 한국사 카페 | 용선생의 세계사 카페

← https://cafe.naver.com/yongyong

용선생의 과학 카페

과학계의 핵인싸,
용선생의 과학 카페에
오신 걸 환영합니다.

[Log in]

MENU

물리면 아프다
화학이 화하하
생물 오징어
지구는 둥글다

태양계의 진실을 찾아서

▶ 태양계의 중심은 지구! 천동설

아주 오래전 고대 시대부터 사람들은 밤하늘을 관찰했어. 사람들 눈에는 모든 천체가 지구 주위를 도는 것처럼 보였지. 당시엔 지구가 움직인다고는 상상도 할 수 없었거든.

망원경이 발명되기 전에는 태양계 행성 중 토성까지 맨눈으로 볼 수 있었어. 사람들은 지구가 우주의 중심이고, 태양과 달뿐 아니라 수성부터 토성까지 모든 천체가 지구를 중심으로 돈다고 생각했어. 이러한 주장을 천동설 또는 지구 중심설이라고 해.

하늘에서 관찰되는 현상에 따라 행성들의 궤도가 하나둘씩 더해지며 천동설은 점차 복잡해져 갔어. 그러면서 천동설에 의문을 갖는 사람들이 생겨나기 시작했지.

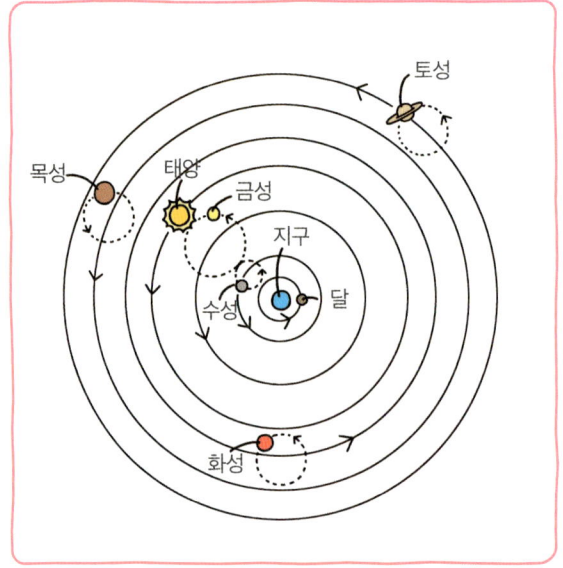

▲ **천동설의 태양계** 태양과 달을 제외한 천체들은 지구 주위를 도는 큰 궤도와 작은 원을 그리는 궤도가 함께 있어.

▶ 태양계의 중심은 태양! 지동설

1510년 무렵 코페르니쿠스는 지구가 다른 행성과 함께 태양 주위를 돈다고 주장했어. 이것을 지동설 또는 태양 중심설이라고 해. 시간이 지나며 많은 과학자들이 지동설이 옳다는 사실을 알게 되었고 사람들은 서서히 지동설을 받아들였어. 그리하여 결국 오늘날 우리가 알고 있는 태양계와 우주의 모습이 밝혀졌지.

코페르니쿠스는 모든 사람이 당연하게 생각했던 천동설에 의문을 갖고 과학적 사실을 탐구했어. 이러한 코페르니쿠스의 깨달음을 '코페르니쿠스 혁명'이라고도 부른단다.

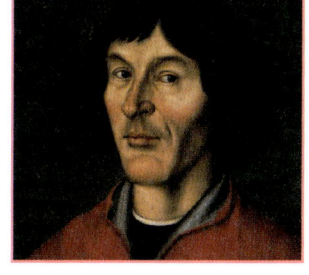

▲ 니콜라우스 코페르니쿠스 (1473년~1543년) 폴란드의 성직자이자 천문학자야.

▲ 지동설의 태양계 오늘날 우리가 알고 있는 태양계의 모습과 비슷해.

- 장하다의 오답을 피하는 방법
- 나선애의 야무진 실험실
- 왕수재의 아는 척 과학교실
- 허영심의 별 헤는 밤
- 곽두기의 빅뱅 따라잡기

COMMENTS

- 나도 새로운 과학 이론을 만들어 '왕수재 혁명'을 일으키겠어!
  - ㄴ 우아, 멋지다! 나도 끼워 줘.
  - ㄴ 꿈이 야무지네.
  - ㄴ 그 전에 시험 점수 혁명이나 이루시지.

2교시 | 태양

태양이 주변에 미치는 영향은?

지구를 비춰 주는 태양이다!

두 별 다 너무 아름다워.

"아아, 나는 지구라는 작은 별의 외로운 나그네. 너무 낭만적이야."

허영심이 턱을 괴고 앉아 중얼거리자 멀찍이 떨어져 있던 아이들이 소곤거렸다.

"허영심 쟤 왜 저래? 오글거리게."

"몰라. 사춘긴가 봐."

"요새 무슨 시집을 읽고 있다던데 그것 때문인가?"

그때 어느샌가 과학실에 들어온 용선생이 소곤거렸다.

"아무래도 그런가 봐. 그런데 하나 틀린 게 있어. 사실 지구는 별이 아니야."

그 말을 들은 허영심이 화들짝 놀라며 물었다.

"네? 지구가 별이 아니라고요? 우주에 떠 있는 건 다 별 아닌가요?"

그러자 용선생이 의미심장한 미소를 지으며 말했다.

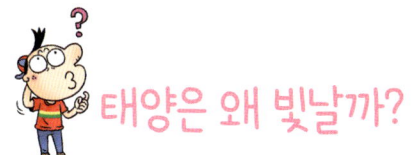 태양은 왜 빛날까?

"과학에서 말하는 별은 따로 있어."

"그게 무슨 말이에요?"

허영심이 재촉하며 물었다.

"과학에서는 스스로 빛을 내는 천체만 별이라고 말해."

"스스로 빛을 낸다고요?"

"응. 태양처럼 말이야. 태양계에서는 태양만 스스로 빛을 내. 태양은 태양계에서 유일한 별이지."

"밤하늘을 보면 달도 밝게 보이잖아요. 달은 스스로 빛을 내는 게 아닌가요?"

"달은 스스로 빛을 내는 게 아니라, 태양 빛을 반사해서 밝게 보이는 거란다. 태양과 달의 모양을 생각해 보렴. 태양은 늘 둥글지? 스스로 빛을 내서 그런 거야."

아이들이 고개를 끄덕였다.

"그렇군요. 그럼 달은요?"

"달은 스스로 빛을 내지 못해서 늘 둥글게 보이지는 않고 계속 모양이 변해. 금성이나 화성 같은 행성도 마찬가지지."

"아……. 그런데 태양은 어떻게 스스로 빛을 내요?"

"태양이 스스로 빛을 내는 이유를 알려면 태양이 무엇

 용선생의 과학 현미경

별을 다른 말로 항성이라고도 해. 항성은 본래 지구에서 볼 때 위치가 변하지 않는 천체로, 태양계 밖 아주 멀리에 있는 별들이지. 그래서 별과 항성을 같은 뜻으로 쓰게 된 거야.

 용선생의 과학 현미경

달은 태양 빛을 반사하는 부분만 빛나. 달이 지구 둘레를 공전하기 때문에 지구에서 볼 수 있는 달의 빛나는 부분이 계속 변하지. 달은 시간에 따라 초승달, 반달, 보름달 등으로 모양이 계속 변해.

나선애의 과학 사전

수소 우주에서 가장 가볍고 가장 많은 물질이야. 우리 주변에서는 주로 기체 상태로 존재해. 불을 붙이면 폭발하는 성질이 있어.

헬륨 우주에서 수소 다음으로 가벼운 물질이야. 우리 주변에서는 주로 기체 상태로 존재해. 공기 중에 저절로 떠오르는 풍선 속에 있는 기체가 바로 헬륨이야.

복사 열이 이동하는 방법 중 하나로, 물질을 통하지 않고 직접 전달되는 거야. 태양열은 복사를 통해 우주 공간에서 곧바로 지구에 전달돼.

대류 열이 이동하는 방법 중 하나로, 액체나 기체처럼 흐르는 물질을 통해 전달되는 거야. 액체나 기체는 직접 이동하면서 자신이 가진 열을 다른 곳에 전달해. 이것을 대류라고 해.

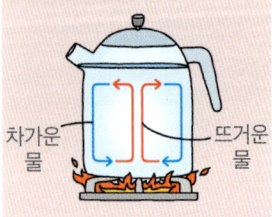

으로 이루어져 있는지부터 알아야 해. 태양은 수소와 헬륨이라는 기체들이 아주 뜨거운 상태로 뭉쳐 있는 천체야. 그래서 모양은 둥글지만 지구처럼 단단하진 않아."

용선생이 그림을 띄우곤 설명을 이었다.

"태양의 가운데에는 핵이라는 부분이 있어. 핵은 중심이라는 뜻이야. 태양의 핵에서는 에너지가 만들어져서 복사층과 대류층이라는 곳으로 퍼져 나가. 복사층은 복사를 통해 열이 이동하고, 대류층은 대류를 통해 열이 이동해서 그런 이름이 붙었지."

아이들이 고개를 끄덕이는데 나선애가 손을 들었다.

"핵에서 어떻게 에너지가 만들어져요?"

"그건 조금 복잡한데, 들려줄까?"

"네!"

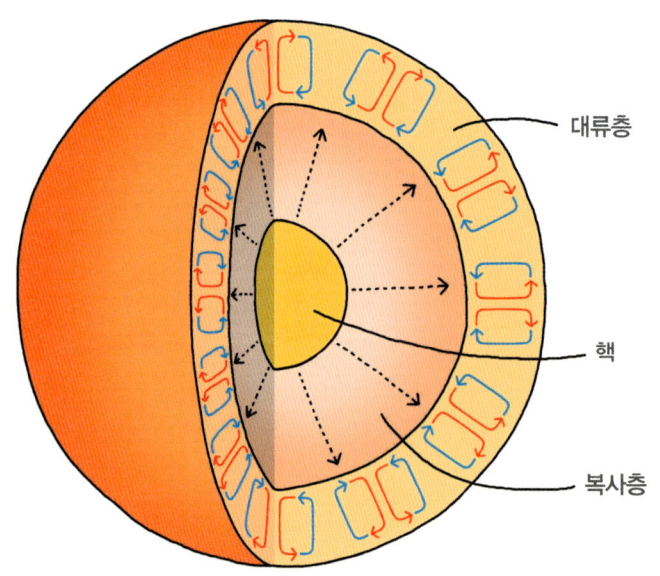

▲ 태양의 내부 구조

"태양이 수소와 헬륨으로 이루어져 있다고 했지? 핵에서는 수소가 융합되면서 헬륨이 만들어져. 이때 엄청난 빛과 열이 함께 생기는데, 이렇게 생겨난 빛과 열을 통틀어 태양 에너지라고 하지."

"수소가 많이 있기만 하면 빛과 열 같은 에너지가 생기는 거예요?"

"그건 아니야. 핵심은 아주 뜨거운 수소 알갱이 여러 개가 융합돼서 헬륨 알갱이 하나가 된다는 점이야. 그렇게 되려면 태양의 바깥 부분에서 중심을 누르는 힘이 엄청나게 커야 하거든."

"누르는 힘이요? 그런 힘이 어디 있어요?"

"바로 태양의 중력이지. 태양은 중력이 엄청 커서, 바깥 부분에서 중심에 있는 핵을 향해 강하게 누르는 힘이 작용해."

"수소만 있다고 되는 건 아니군요."

"그렇지."

용선생은 목소리를 가다듬고 다시 말했다.

"과학자들은 태양에서 에너지가 만들어지는 과정을 흉내 내서, 지구에서 수소를 융합시켜 에너지를 만드는 방법을 연구하고 있어. 이 방법을 알아내면 우리가 현재 주로

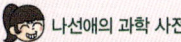

나선애의 과학 사전

융합 녹을 융(融) 합할 합(合). 종류가 다른 것들이 녹아서 하나로 합쳐지는 현상을 말해.

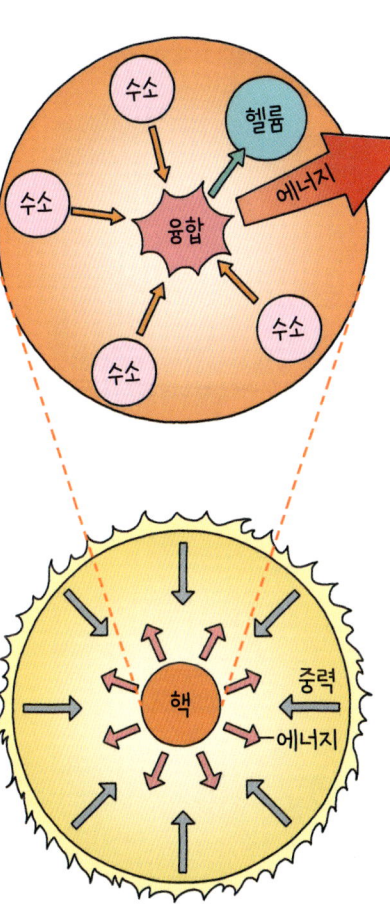

▲ **태양 에너지가 생기는 과정** 태양의 중심인 핵으로 사방에서 누르는 힘이 작용해. 핵에서는 수소 여러 개가 융합되어 헬륨이 만들어지는데, 이러한 과정에서 엄청난 양의 에너지가 생겨나.

사용하는 원자력 발전소보다 더 많은 에너지를 더 안전하게 만들어 낼 수 있단다."

"정말요? 빨리 알아내면 좋겠어요."

 핵심정리

태양의 핵에서 수소가 융합되어 헬륨이 만들어질 때 빛과 열이 생기며 태양 에너지가 발생해. 태양 에너지는 복사층과 대류층을 거쳐 밖으로 나와.

 ## 빛나는 공의 얼굴

"태양 내부를 살펴봤으니 이제 태양의 표면도 한 번 알아볼까? 너희 '광구'라고 들어 봤니?"

"광구가 누군데요?"

장하다의 말에 용선생이 껄껄 웃으며 말했다.

"태양의 표면을 광구라고 불러. 빛 광(光), 공 구(球)."

"빛공? 빛나는 공이라는 뜻인가요?"

"그렇지. 역시 곽두기야. 밝은 빛을 내는 태양 표면에 딱 어울리는 이름이지?"

"근데 광구에 뭐 특이한 거라도 있나요?"

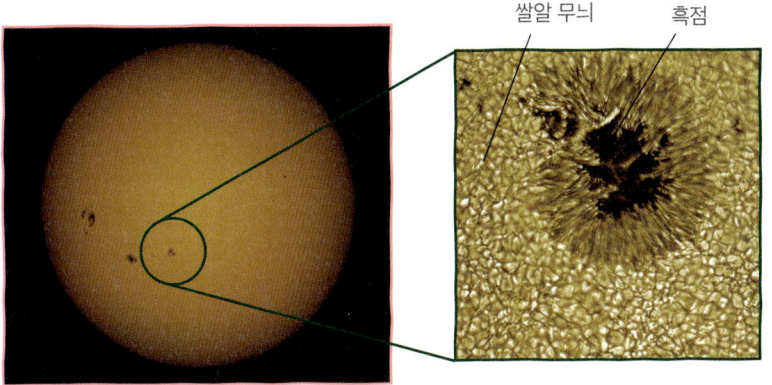

쌀알 무늬 흑점

▲ **태양의 광구** 쌀알 무늬와 흑점이 있어.

"광구에는 두 가지 특징이 있어. 하나는 쌀알 무늬이고, 또 하나는 흑점이야."

"쌀알이요? 태양에 쌀알이 있어요?"

아이들이 재미있다는 듯이 킥킥댔다.

"확대한 사진을 자세히 보렴. 태양 표면에 쌀알처럼 생긴 자글자글한 무늬가 보이지?"

"정말요! 그럼 저 까만 점이 흑점인가요?"

"맞아. 이러한 무늬는 광구 바로 아래에 있는 대류층 때문에 생기는 거야."

"대류층이요? 대류층이 왜요?"

"대류층은 대류를 통해 열이 이동하는 층이라고 했지? 대류가 일어날 때에는 뜨거운 기체가 위로 올라가고 차가운 기체가 아래로 내려가. 크기가 같을 때 뜨거운 기체가 차가운 기체보다 가볍기 때문이지."

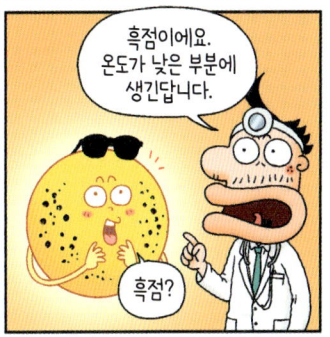

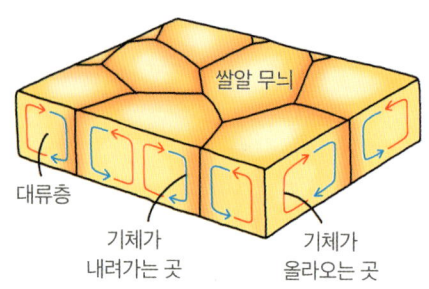

▲ 쌀알 무늬가 생기는 이유

"오, 그래요?"

"그래서 광구에는 대류층에서 올라온 기체와 다시 아래로 내려가는 기체가 함께 나타나. 올라온 기체는 온도가 높아서 밝게 보이는데, 그게 쌀알 무늬의 중앙 부분이야. 그리고 내려가는 기체는 주변보다 온도가 낮아서 어둡게 보이는데, 그게 쌀알 무늬의 테두리 부분이지. 이게 바로 쌀알 무늬의 정체란다."

"그럼 흑점은 왜 까매요? 거기도 온도가 낮아요?"

"맞아! 어쩌다 대류층에서 기체가 광구까지 올라오지 못하고 뭉치는 곳이 생겨. 그 위의 광구는 주변에 비해 온도가 많이 낮아서 더 어둡지. 그게 바로 흑점이야. 흑점은 위치와 크기, 개수가 계속 변한단다."

"기체가 올라오지 못하는 부분이 계속 달라지나 봐요."

"맞아. 그런데 신기하게도 흑점의 개수는 11년 주기로 많아졌다 적어졌다 해. 그 이유는 아직 밝혀지지 않았어."

> **곽두기의 낱말 사전**
>
> **주기** 돌 주(週) 기간 기(期). 어떤 일이 한 번 있고 나서 다음번에 되풀이되기까지의 기간을 말해.

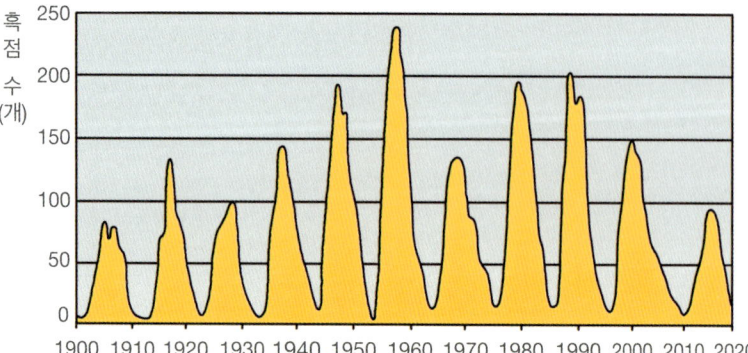

▶ 흑점 개수의 변화

"오호, 이유가 빨리 밝혀지면 좋겠네요."

"더 신기한 건 흑점이 태양 표면을 따라 움직인다는 거야. 마치 광구 위를 흘러가듯이 말이야."

"네에? 흑점이 움직인다고요? 왜요?"

"바로 태양이 자전하기 때문이지. 태양은 스스로 돌고 있단다. 태양이 돌면서 태양 표면에 있는 흑점도 함께 움직여. 게다가 태양은 기체로 되어 있다 보니 흑점이 이동하는 빠르기도 위치에 따라 달라."

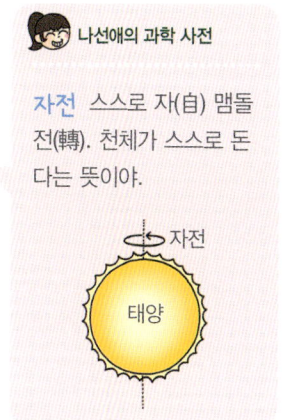

나선애의 과학 사전

자전 스스로 자(自) 맴돌 전(轉). 천체가 스스로 돈다는 뜻이야.

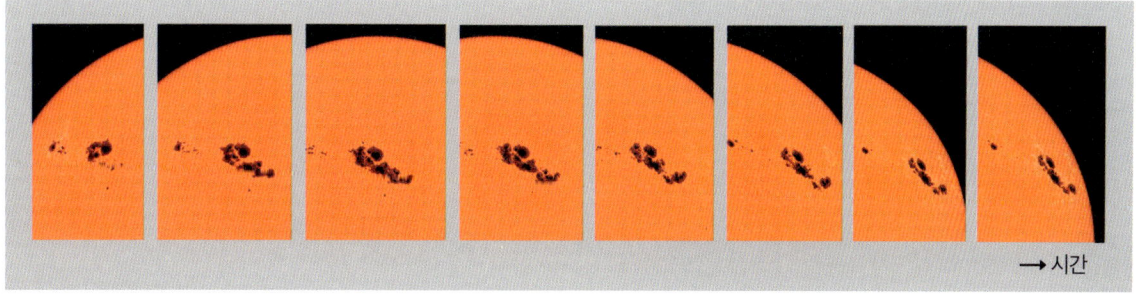

▲ 흑점의 움직임

"흑점이 꼭 바다 위에서 둥둥 떠가는 것 같아요."

"하하! 그렇지?"

핵심정리

태양의 표면을 광구라고 해. 광구에는 쌀알 무늬와 흑점이 나타나. 태양이 자전하면서 표면에 있는 흑점도 함께 움직여.

태양풍이 불어 나오는 곳

"이제 태양의 광구 바깥 부분을 살펴볼까?"

"광구가 태양의 표면이니까 가장 바깥쪽 아니에요? 광구 밖에도 뭐가 있어요?"

"응. 지구를 생각해 보자. 지구의 표면을 지표면이라고 하는데, 지표면 바깥에는 뭐가 있지?"

왕수재가 안경을 쓱 올리며 말했다.

"음……. 그야 우리가 살죠. 식물이나 동물도 있고요."

"그래, 맞아. 거기서 생물을 빼고 보면?"

이번에는 나선애가 나섰다.

"공기가 있어요."

"맞아. 지구를 둘러싼 공기를 통틀어 대기라고 해. 지구처럼 태양에도 대기가 있어. 광구가 너무 밝아서 평소엔 보기 힘들지만 말이야. 하지만 달이 태양을 완전히 가리는 개기 일식이 일어나면 지구에서 태양의 대기를 볼 수 있지."

"태양의 대기는 어떤데요? 지구랑 비슷한가요?"

"아니, 전혀 달라. 지구의 대기는 질소와 산소 같은 기체로 이루어져 있는데, 태양의 대기는 대부분 수소와 헬륨으로 이루어져 있어."

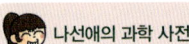

나선애의 과학 사전

개기 일식 태양, 달, 지구가 일직선으로 위치할 때 태양이 달에 완전히 가려지는 현상을 말해. 지구에서 보면 달과 태양은 거의 같은 크기라서 개기 일식이 일어날 수 있어.

"어? 태양 내부도 수소와 헬륨으로 이루어져 있잖아요."

"맞아. 태양 내부와 대기를 이루는 물질이 비슷하지. 태양의 대기는 크게 두 층으로 나뉘어. 바로 채층과 코로나란다. 채층은 광구 바로 바깥에 있는 층으로, 두께가 약 1만 km이고 살짝 붉은빛을 띠어."

"우아! 엄청 두꺼운 거 맞죠?"

"그렇지. 지구의 지름이 약 1만 2700 km이니까 채층의 두께와 비슷한 수준이지."

"태양은 지름이 얼마나 되는데요?"

"태양의 지름은 약 139만 km야. 태양이 워낙 크다 보니 대기도 그렇게 두꺼운 거야."

"그럼 코로나는요? 코로나도 그렇게 두꺼운가요?"

"응. 코로나는 채층 위에 있는 대기층으로, 청백색을 띠어. 코로나는 두께가 수백만 킬로미터나 될 정도로 아주 두껍고, 온도도 수백만 도나 될 정도로 아주 뜨거워."

> **장하다의 상식 사전**
>
> **지름** 원이나 구에서 중심을 지나며 둘레 위의 두 점을 잇는 직선의 길이를 말해. 주로 둥근 물체의 크기를 잴 때 지름의 길이를 측정해. 지름의 절반인 길이를 반지름이라고 해.

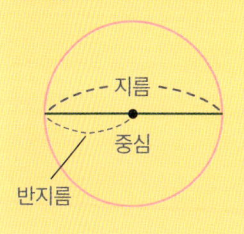

▲ 채층

▲ 코로나

용선생의 과학 현미경

태양풍이 지구 안으로 들어오면?

태양풍의 플라스마 입자는 에너지가 강하고 방사능을 띠고 있어서 지구에 바로 들어온다면 큰 피해를 줄 수 있어. 하지만 다행히 지구에는 태양풍을 막아 주는 방어막이 있단다. 바로 지구 주위에 작용하는 자석의 힘이야. 지구는 거대한 자석과 같아. 지구 주위에 작용하는 자석의 힘은 플라스마 입자를 밀어내서, 태양풍이 지구로 곧장 들어오지 않고 돌아서 가게 해.

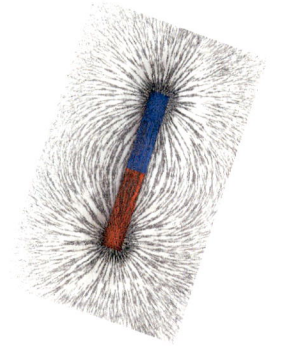
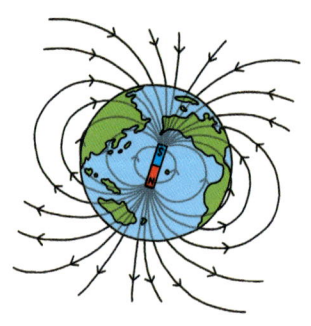

◀ 지구 주위에 작용하는 자석의 힘
지구는 거대한 막대자석과 같아서 지구 주위에 자석의 힘이 작용해.

그런데 지구에 태양풍이 끌려 들어오는 곳이 있어. 막대자석을 보면 양극 끝에 철가루가 특히 많이 붙는 것처럼, 지구에서도 북극과 남극 같은 극지방 부근으로 태양풍이 끌려 들어오지. 극지방 부근의 하늘로 들어온 플라스마 입자는 공기와 부딪쳐 다채로운 빛을 내는데, 이게 바로 오로라야.

태양풍이 강해지면 지구로 들어오는 플라스마 입자가 평소보다 엄청나게 많아져서 통신이나 전기가 끊기기도 해. 그래서 요즘에는 인공위성을 이용해 태양풍의 세기를 계속 관측하면서 대비하고 있어.

▲ 극지방 부근의 하늘에 생긴 오로라

"태양 표면보다 더 뜨거워요?"

"응. 태양 표면은 약 6000℃야. 코로나는 수백만 도이니 태양 표면보다 대기 바깥쪽이 훨씬 뜨거운 셈이지."

"왜 태양의 대기가 더 뜨거운 거예요?"

"그 이유는 아직 밝혀지지 않았어. 코로나는 온도가 높아서 대부분 플라스마 입자로 이루어져 있는데, 이 입자들이 태양 밖으로 뿜어져 나온단다."

"아, 그래서 태양에서 태양풍이 불어 나오는 거군요? 태양풍은 플라스마 입자가 뿜어져 나오는 거니까요."

"맞아. 플라스마 입자가 모두 코로나에서 나오는 건 아니지만, 태양풍 대부분은 코로나에서 불어 나오는 거지."

"오호, 태양에 그렇게 두꺼운 대기가 있다는 것도 신기하고, 대기에서 태양풍이 불어 나온다는 것도 신기해요. 태양은 알면 알수록 신기하네요!"

"앞으로도 기대하라고. 오늘 수업은 여기까지!"

핵심정리

태양의 대기는 붉은빛을 띠는 채층과 청백색을 띠는 코로나, 두 층으로 이루어져 있어. 이 중 코로나는 플라스마 입자로 이루어져 있는데, 이곳에서 태양풍 대부분이 불어 나오지.

나선애의 정리노트

1. 태양의 내부
① 주로 ⓐ [　　　]와 헬륨으로 이루어짐.
② ⓑ [　　　]에서 태양 에너지가 만들어짐.
→ 복사층과 대류층을 통해 바깥으로 전달됨.

2. 태양의 표면: 광구
① 쌀알 무늬
② ⓒ [　　　]
 · 개수와 크기가 계속 변함.
 · 태양의 ⓓ [　　　]으로 인해 태양 표면을 따라 계속 움직임.

3. 태양의 대기
① 채층
 · 광구 바로 바깥에 있는 대기
 · 살짝 붉은빛을 띰.
② 코로나
 · 채층 위에 있는 대기
 · 청백색을 띰.
 · ⓔ [　　　]이 불어 나옴.

ⓐ 수소 ⓑ 핵 ⓒ 흑점 ⓓ 자전 ⓔ 태양풍

 # 과학퀴즈 달인을 찾아라!

●정답은 119쪽에

01

친구들이 이번 시간에 배운 내용에 대해 이야기하고 있어. 옳으면 O, 옳지 않으면 X를 표시해 줘.

① 태양은 태양계에서 유일한 별이야. (   )
② 태양의 대기는 지구의 대기와 같아. (   )
③ 태양의 광구에서 흑점의 온도가 가장 높아. (   )

02

태양의 핵에서 출발해서 태양 밖으로 빠져나오려고 해. 태양의 내부 구조를 안쪽부터 순서대로 따라가면 쉽게 빠져나올 수 있어. 함께 길을 찾아보자.

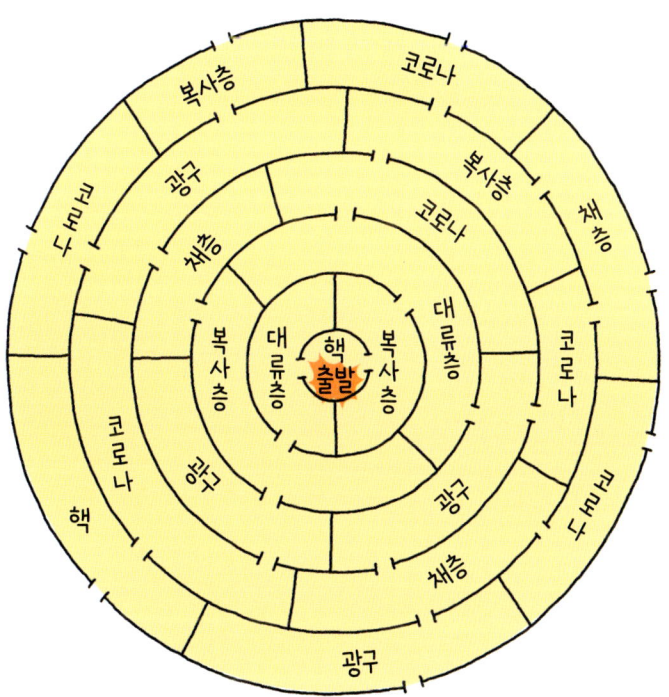

3교시 | 수성과 금성

태양과 제일 가까운 행성은?

곧 해가 떠오를 것 같아.

저 밝은 별은 뭐지?

"선생님, 선생님!"

용선생이 수업을 준비하는데, 곽두기가 헐레벌떡 뛰어 들어왔다.

"두기야, 왜 그래? 무슨 일 있니?"

"그게요, 오늘 새벽에 할아버지랑 약수터에 다녀오다가 눈에 띄게 반짝이는 별을 봤거든요. 할아버지가 그러는데 샛별이래요. 이름에도 별이 들어가고 엄청 밝은 게, 제가 별을 본 거 맞죠?"

"글쎄? 정말로 별을 봤는지 함께 알아볼까?"

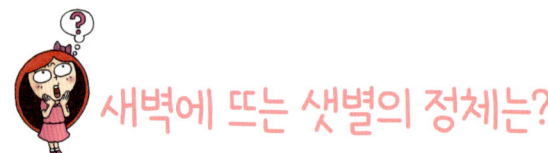

새벽에 뜨는 샛별의 정체는?

아이들이 모두 모이자 용선생이 말했다.

"얘들아, 두기가 오늘 새벽에 샛별을 보았다는구나."

"샛별요? 그게 뭔데요?"

"바로 금성이야. 새벽에 보인다고 해서 금성을 샛별이라고도 부르지. 이름에 '별'이 들어가지만 샛별은 별이 아니야."

"그렇죠. 태양계에서는 태양만 별이니까요."

"맞아, 잘 기억하고 있구나. 지구에서 볼 때 금성은 태양, 달 다음으로 밝게 보여서 사람들은 금성을 별로 착각하곤 했지. 하지만 금성은 태양 주위를 돌며 태양 빛을 반사해 밝게 빛나는 행성이야."

"근데요, 금성은 새벽에만 볼 수 있어요?"

"아니. 초저녁에도 볼 수 있어. 초저녁에 뜬 금성은 '개밥바라기별'이라고 불러. 옛날 사람들이 초저녁에 개밥을 줄 때쯤 뜨는 별이라 해서 이런 이름을 붙였대."

"우하하! 행성 이름에 개밥이 들어간다니, 큭큭!"

"그럼 한밤중에는 금성을 볼 수 없어요?"

"응. 새벽이나 초저녁에만 볼 수 있단다."

"왜요? 보통 우주에 있는 건 한밤중에 잘 보이잖아요. 금성은 왜 그렇지 않죠?"

"우리가 금성을 한밤중에 볼 수 없는 까닭은 금성의 위치 때문이야."

용선생의 과학 현미경

금성
- **영어 이름**: 비너스(Venus). 로마 신화에서 아름다움의 여신
- **반지름**: 약 6,051 km (지구의 약 0.9배)
- **자전 주기**: 약 243일
- **공전 주기**: 약 225일
- **위성**: 없음.
- **고리**: 없음.
- **특이한 점**: 지구와 크기가 거의 같아서 지구의 쌍둥이 행성이라 불림.

▲ 금성

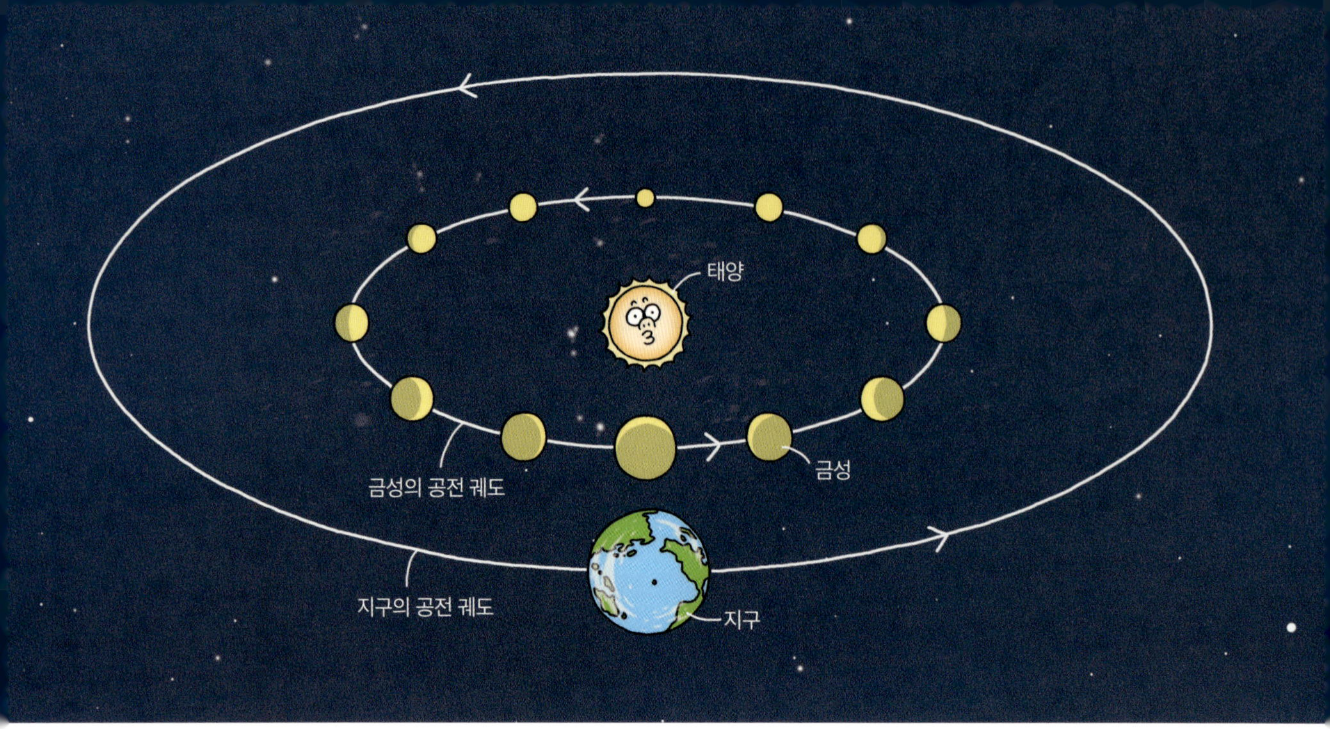

▲ **금성의 공전 궤도** 금성은 지구보다 태양 가까이에서 공전해.

용선생은 금성의 위치가 표시된 그림을 띄웠다.

"금성과 지구는 이런 식으로 태양 주위를 공전해. 금성은 지구보다 안쪽에서 돌고 있지."

"그러네요."

▼ **낮과 밤의 금성 위치** 낮에는 태양이 너무 밝아서, 밤에는 지구에서 올려다본 하늘이 금성 반대쪽이라서 금성을 볼 수 없어.

 용선생의 과학 현미경

금성과 수성처럼 지구의 공전 궤도 안쪽에서 태양 주위를 공전하는 행성을 내행성이라고 해. 반대로 화성, 목성, 토성, 천왕성, 해왕성처럼 지구의 공전 궤도 바깥쪽에서 태양 주위를 공전하는 행성을 외행성이라고 하지.

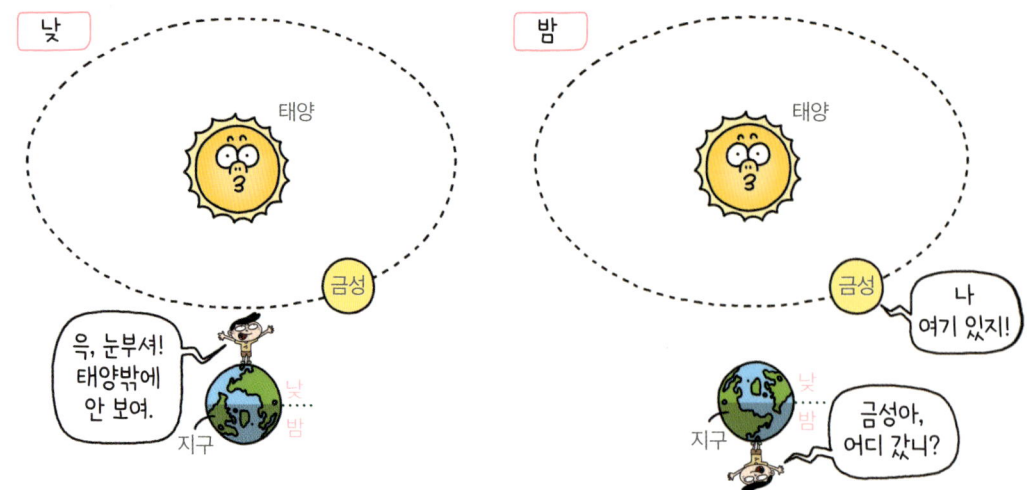

"그러다 보니 금성을 보려면 태양 쪽을 바라봐야 해. 지구에서 태양을 바라보는 쪽은 낮이고 태양 반대편은 밤인데, 낮에는 태양 빛이 밝아서 금성이 안 보이고, 밤에는 우리가 태양의 반대쪽을 향하고 있으니 금성을 전혀 볼 수 없지."

아이들이 "오호, 그렇군요." 하며 고개를 끄덕였다.

"그래서 금성은 태양이 뜨기 직전인 새벽이나 태양이 막 지고 난 초저녁에 잠깐 볼 수 있단다."

용선생은 새로운 그림을 띄우고는 설명을 계속했다.

"아래 그림에 표시된 것처럼 태양과 지구를 세로로 이은 선이 있다고 생각해 보자. 금성이 이 선의 오른편에 있을 때에는 새벽에 동쪽 하늘에서 금성을 볼 수 있어."

"그럼 왼편에 있을 때는요?"

▼ **새벽이나 초저녁의 금성 위치** 지구에서 볼 때 금성이 태양의 오른편에 있으면 새벽에, 태양의 왼편에 있으면 초저녁에 금성을 볼 수 있어.

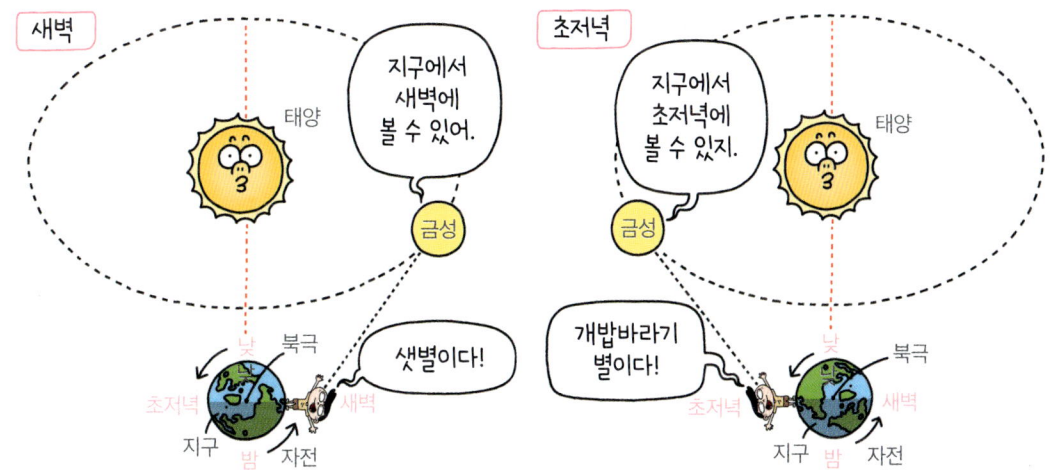

"왼편에 있을 때에는 초저녁에 서쪽 하늘에서 금성을 볼 수 있지."

"오호, 금성이 어느 위치에 있느냐에 따라 새벽에 볼 수도 있고 초저녁에 볼 수도 있는 거군요."

용선생이 다음 그림을 띄우고 말했다.

"맞아. 하지만 이 그림처럼 금성의 위치가 태양에 가까워지면 새벽이나 초저녁에도 금성을 보기 어렵지."

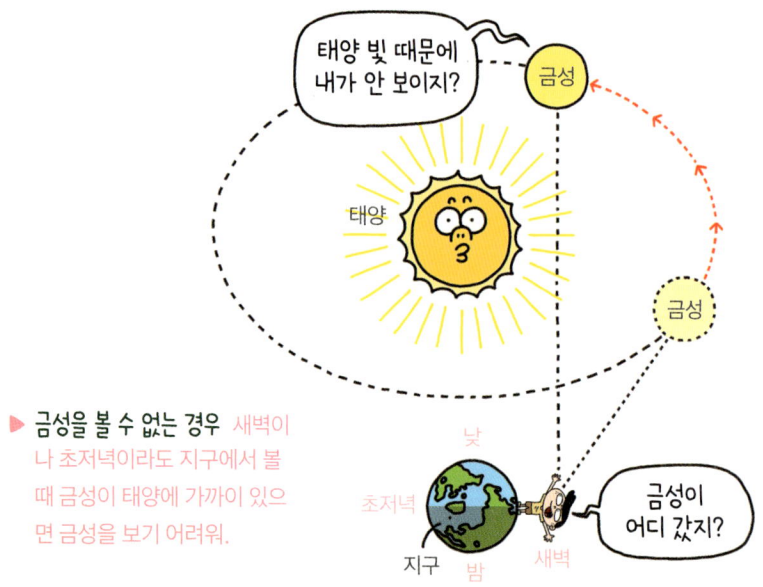

▶ **금성을 볼 수 없는 경우** 새벽이나 초저녁이라도 지구에서 볼 때 금성이 태양에 가까이 있으면 금성을 보기 어려워.

 핵심정리

금성은 지구의 공전 궤도보다 안쪽에서 태양 주위를 돌기 때문에 지구에서 보면 늘 태양 쪽에 있어. 그래서 새벽과 초저녁에 잠깐 동안 볼 수 있지.

금성이 반짝반짝 빛나는 이유

"근데 아까 지구에서 볼 때 금성이 태양과 달 다음으로 밝게 보인다고 하셨잖아요. 그건 왜 그래요?"

"거기엔 두 가지 이유가 있지. 첫 번째는 금성이 지구에서 달 다음으로 가까운 천체이기 때문이야. 한마디로 가까우니까 밝게 보이는 거야. 하지만 거리 때문이라고 하기엔 금성은 지나치게 밝아. 만약 금성을 달의 위치에 가져다 놓으면 금성이 달보다 10배나 밝을 거라고 해."

"왜 그런 거예요?"

"바로 두 번째 이유, 금성의 두꺼운 구름 때문이지. 금성에는 지구처럼 대기가 있는데, 대기의 높은 곳에 두꺼운 구름이 잔뜩 끼어 있어. 이 구름들이 태양 빛을 아주 잘 반사한단다."

 용선생의 과학 현미경

지구에서 볼 때 태양 빛을 반사하는 천체 중 달이 가장 밝게 보이는 이유는 지구와 가장 가까운 천체이기 때문이야.

▼ **금성의 구름** 대기 높은 곳에 있는 구름이 태양 빛을 반사시켜.

"오호, 그렇군요."

"금성의 대기에 대해 좀 더 알아볼까? 금성의 대기는 아주 짙은 이산화 탄소로 이루어져 있어."

"얼마나 짙은데요?"

"대기가 얼마나 짙은지 알아보는 방법이 있어. 일정한 넓이의 표면 위에 있는 공기의 무게를 측정하는 거야. 이 방법으로 비교했더니 금성의 공기는 지구보다 90배나 무거웠어."

▶ 지구와 금성의 대기 비교

나선애의 과학 사전

유성체 소행성 부스러기부터 티끌에 이르기까지 우주를 떠도는 다양한 크기의 바위 덩어리들을 말해. 유성체가 천체의 대기에 부딪쳐 불타는 것을 유성 또는 별똥별이라고 해. 또 불타고 남은 유성이 천체의 표면에 떨어지면 운석이라고 하지.

"헉! 그럼 금성의 대기가 엄청 짙은 거 아니에요?"

"맞아. 그래서 우주를 떠돌던 유성체가 금성에 날아오면 짙은 대기에 부딪쳐 불타 없어져. 행성에 대기가 없으면 유성체가 그대로 표면에 떨어져서 움푹 파인 자국을 남기는데, 이런 자국을 '충돌 구덩이'라고 해. 금성은 대기가 짙어서 다른 태양계 천체들보다 충돌 구덩이가 적지."

"아예 없는 건 아니고요?"

"응. 아주 옛날에 생긴 충돌 구덩이들이 남아 있긴 해. 금성의 대기가 처음부터 그렇게 짙었던 건 아니거든."

"그럼 금성의 표면은 어떻게 생겼어요?"

"금성은 앞에서 말했듯이 두꺼운 구름에 가려져 있어서 지구에서 표면을 직접 관측하기가 어려웠어. 그래서 러시아에서 금성 표면을 탐사하기 위해 베네라호라는 탐사선을 여러 차례 보냈지."

"오호, 그래서요?"

"알고 보니 금성의 대기는 엄청 뜨거웠어. 아까 금성의 대기가 이산화 탄소로 이루어져 있다고 했지? 이산화 탄소가 많으면 대기의 온도가 높아지는 온실 효과가 심하게 일어나거든."

"온실 효과 들어 봤어요. 그게 심해지면 지구가 더워진다고 하지 않아요?"

"맞아, 온실 효과가 아주 심해지면 지구 온난화가 일어나. 금성이 바로 그런 환경이야. 금성의 대기 온도는 500℃ 정도이다 보니, 금성에 최초로 착륙한 탐사선 베네라 7호는 고작 23분 작동하고 고장 나 버렸단다."

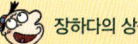

베네라호 러시아에서 발사한 금성 탐사선들이야. '베네라'는 러시아어로 금성이라는 뜻이지. 1961년부터 1984년까지 1호~16호가 발사되었어.

베네라 13호

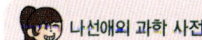

온실 효과 이산화 탄소, 메테인 같은 몇몇 기체 때문에 대기의 온도가 높아지는 현상이야. 이 기체들은 온실의 유리와 비슷하게, 땅에서 올라오는 열을 대기 중에 가두는 성질이 있어.

왕수재가 심각한 표정을 지으며 말했다.

"저런. 금성의 표면을 관측하기가 무척 어려웠겠네요."

"하지만 러시아는 포기하지 않고 이후에도 여러 차례 더 탐사선을 보냈어. 그래서 금성이 지구와 같이 다양한 지형으로 이루어져 있다는 걸 알아냈지."

"우아, 멋져요! 그 뜨거운 곳에서 견디다니!"

"하하, 그게 바로 과학이란다! 이후 미국과 유럽에서도 탐사선을 보내 금성 주위를 돌면서 지형을 관측했어. 그래서 오늘날에는 금성의 지형이 다 밝혀졌지. 금성의 지형은 지구보다 평평한 편이라고 해."

금성은 지구와 가깝고, 두꺼운 구름이 햇빛을 반사해서 매우 밝게 보여. 짙은 이산화 탄소로 이루어진 금성의 대기는 온실 효과가 심해서 대기의 온도가 매우 높아. 또, 금성의 표면은 지구보다 평평해.

▼ **금성의 표면** 금성의 표면은 평원과 산, 골짜기로 이루어져 있어. 표면의 절반 이상이 평원으로 이루어져 있고, 지구보다 평평한 지형이야.

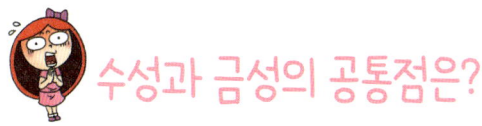 ## 수성과 금성의 공통점은?

그때 왕수재가 손을 번쩍 들었다.

"선생님, 수성도 지구보다 안쪽에서 돌잖아요. 그러면 수성도 새벽이나 초저녁에만 보여요?"

용선생의 눈이 커졌다.

"나도 마침 그 얘기를 하려던 참이야! 우리 둘이 마음이 통했구나."

"헤헤."

"수재 생각대로 수성도 새벽이나 초저녁에만 볼 수 있어. 그런데 수성은 금성보다도 태양과 더 가까워서, 지구에서 보면 수성이 태양에 바짝 붙어 있는 것처럼 보인단다. 그래서 수성은 새벽이나 초저녁에도 관측하기가 꽤 어려워."

장하다가 턱을 긁으며 곰곰이 생각하더니 말했다.

"음……. 아무튼 수성과 금성 둘 다 새벽이나 초저녁에만 볼 수 있다는 건 같네요. 지구보다 안쪽에서 돌고 있으니까요."

"맞아. 하지만 수성과 금성은 다른 점도 많아."

"어떤 점이 다른데요?"

 용선생의 과학 현미경

수성
- **영어 이름**: 머큐리 (Mercury). 로마 신화에서 신들의 심부름꾼
- **반지름**: 약 2,440 km (지구의 약 0.4배)
- **자전 주기**: 약 59일
- **공전 주기**: 약 88일
- **위성**: 없음.
- **고리**: 없음.
- **특이한 점**: 태양과 가장 가까운 행성

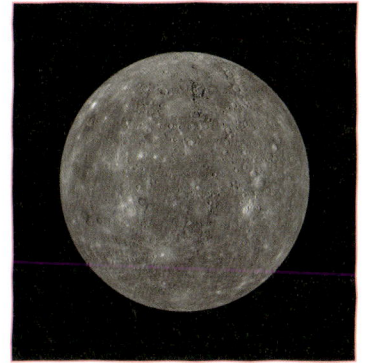

▲ 수성

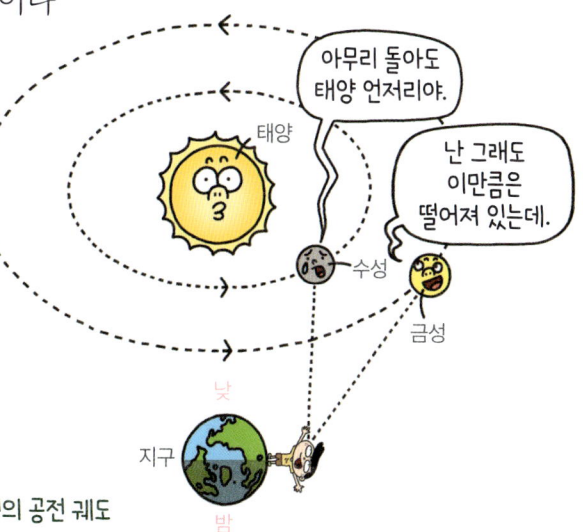

▶ 수성과 금성의 공전 궤도

용선생의 과학 현미경

수성이 처음 생겼을 때에는 대기가 있었다고 추측돼. 오늘날 수성에 대기가 없는 가장 큰 이유는 중력이 약하기 때문이야. 수성의 중력은 지구의 $\frac{2}{5}$ 정도로 약해서 대기를 붙잡아 둘 수 없어. 또 태양과 가깝다 보니 태양에서 온 태양열과 태양풍이 수성의 대기를 모두 우주로 날려 버렸다고 해.

"가장 크게 다른 점은 대기야. 수성에는 대기가 없거든. 대기가 없으면 행성 표면의 모습이 달라져."

용선생이 화면에 사진 두 개를 나란히 띄웠다.

▲ 수성 표면

▲ 달 표면

"둘 다 구덩이가 움푹움푹 파여 있어요."

"왼쪽은 어느 천체이고 오른쪽은 어느 천체일까?"

"글쎄요. 같은 행성 아니에요?"

"하하, 아니야. 왼쪽은 수성이고 오른쪽은 달이야."

"정말요? 모르고 보면 같은 행성인 줄 알 것 같아요."

"그렇지? 앞에서 살펴본 금성과 달리 수성과 달은 둘 다 대기가 없어. 그래서 우주에서 유성체가 날아오면 그대로 아무런 방해도 받지 않고 표면에 부딪치지. 그래서 충돌 구덩이가 이렇게 많단다."

"으으, 그렇군요."

"대기가 없으면 표면 바로 위가 우주 공간인 셈이야. 그래서 태양이 비추느냐 아니냐에 따라 표면 온도가 바로바로 변한단다. 수성은 태양이 내리쬐는 낮에는 표면 온도가 400℃까지 올라가고, 태양이 비추지 않는 밤에는 표면 온도가 영하 150℃까지 떨어지지."

"와! 하루에도 온도가 몇백 도씩 변하네요. 그런 곳에서 어떻게 살아요?"

"하하, 아무래도 수성에 가서 사는 건 어렵겠지?"

그때 장하다가 조심스럽게 말했다.

"수성은 정말 변덕스러운 행성이네요. 꼭 우리 과학반의 누구처럼요."

그러자 아이들이 동시에 장하다에게 '누구?' 하는 눈길을 보냈다. 장하다가 우물쭈물하며 뒷걸음쳤다.

"선생님, 곧 해가 질 거 같은데 저는 개밥바라기별을 보러 가 보겠습니다. 그럼 이만!"

"그게 누구냐고!"

아이들이 도망치는 장하다를 뒤쫓아 달려 나갔다.

핵심정리

수성은 금성과 마찬가지로 새벽이나 초저녁에만 관측할 수 있어. 수성은 대기가 없어서 표면에 충돌 구덩이가 많고 하루 동안 표면 온도가 크게 변해.

나선애의 정리노트

1. 금성

① 새벽이나 ⓐ_____ 에 볼 수 있음.
- 지구보다 안쪽에서 태양 주위를 공전하기 때문

② 지구에서 태양과 달 다음으로 밝게 보임.
- 달 다음으로 지구에 가깝기 때문
- 두꺼운 ⓑ_____ 이 태양 빛을 잘 반사하기 때문

③ 대기는 짙은 ⓒ_____ 로 이루어짐.
- 온실 효과가 심해서 온도가 매우 높음.

④ 지형은 지구보다 평평함.

2. 수성

① ⓓ_____ 이나 초저녁에 볼 수 있음.
- 금성보다 태양에 가까워서 관측하기가 더 어려움.

② 대기가 없음.
- 낮과 밤의 온도가 매우 다름.
- 표면에 ⓔ_____ 가 많음.

ⓐ 초저녁 ⓑ 구름 ⓒ 이산화 탄소 ⓓ 새벽 ⓔ 운돌 구덩이

과학퀴즈 달인을 찾아라!

● 정답은 119쪽에

01

친구들이 이번 시간에 배운 내용에 대해 이야기하고 있어. 옳으면 O, 옳지 않으면 X를 표시해 줘.

① 금성은 태양에 가장 가까운 행성이야. (   )

② 달과 수성은 표면의 모습이 비슷해. (   )

③ 금성은 너무 뜨거워서 대기가 없어. (   )

02

친구들이 천문대로 현장 학습을 가려고 해. 수성과 금성의 공통점을 따라가면 길을 찾을 수 있대. 친구들이 길을 찾을 수 있게 도와줘!

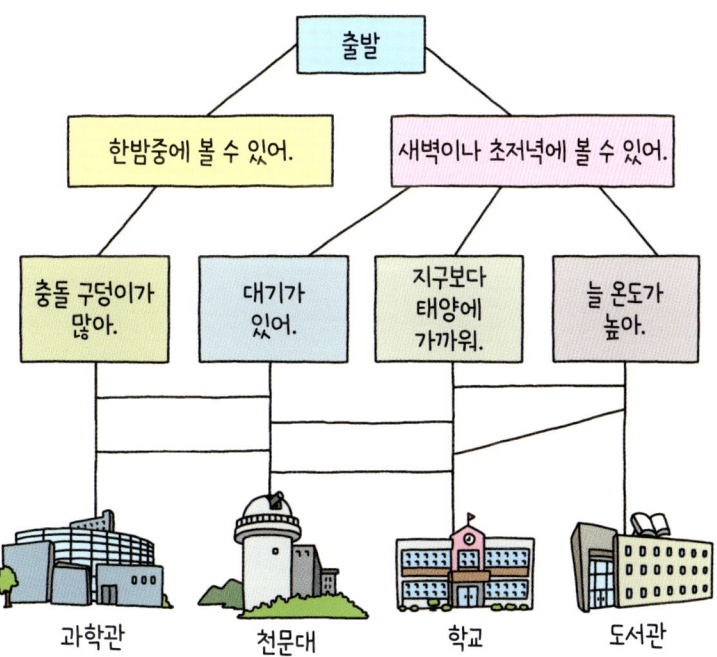

 용선생의 과학 카페 | 용선생의 한국사 카페 | 용선생의 세계사 카페

https://cafe.naver.com/yongyong

용선생의 과학 카페

과학계의 핵인싸,
용선생의 과학 카페에
오신 걸 환영합니다.

[Log in]

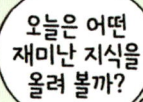

MENU

물리면 아프다
화학이 화하하
생물 오징어
지구는 둥글다

외계인의 지구 조사 보고서

 얘들아! 내가 외계인이 쓴 지구에 관한 보고서를 발견했어! 인간들 몰래 지구를 자세히도 관찰하고 갔더군. 뭐라고 써 놨는지 볼래?

▶ **겉모습**

▲ 지구의 겉모습

지구는 표면의 70%가 바다로 덮여 있다. 태양계에서 유일하게 물이 겉에 드러나 있는 '물의 행성'이다. 육지에는 산과 평야, 계곡과 골짜기, 강과 호수 같은 다양한 지형이 보인다.

> **보너스**
> 태양계 천체 중에는 지구를 비롯해 총 9개의 천체에 물이 있다용. 목성의 위성 가니메데는 표면 아래에 거대한 바다가 있다용.

▶ **대기**

지구의 대기는 질소, 산소 등 다양한 기체로 이루어져 있다. 특히 산소가 있어서 생물이 숨을 쉬며 살 수 있다. 게다가 태양에서 적당히 떨어져 있어서 온도가 너무 뜨겁지도 차갑지도 않다. 물과 산소가 풍부하고 온도도 적당하다니, 지구는 행운의 행성이다.

> **보너스**
> 생물이 살 수 있는, 별과 적당한 거리의 영역을 '골디락스 존'이라고 한다용. 태양계에서는 화성도 골디락스 존에 위치한다용. 하지만 화성에는 물과 산소가 없어서 생물이 살지 못한다용.

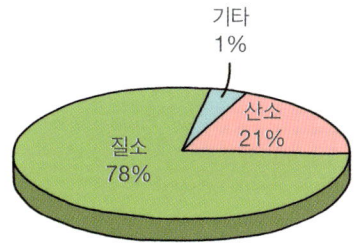

▲ 지구의 대기를 이루는 기체

▶ 내부

지구 내부의 가장 안쪽에는 고체로 된 내핵과 액체로 된 외핵이 있다. 핵 바깥에는 맨틀이 있고 단단한 지각이 가장 바깥쪽에 있다. 맨틀은 고체이지만 오랜 시간에 걸쳐 천천히 움직이기 때문에 지각이 함께 움직이면서 지진이나 화산이 일어난다.

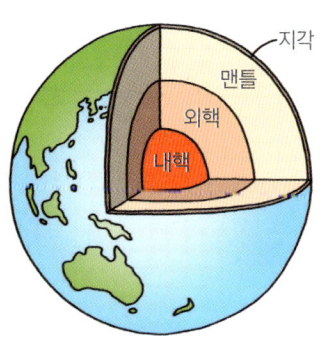

▲ 지구의 내부 구조

보너스

지구는 화산과 지진이 일어나서 생물이 살기 힘들어 보이지만, 목성의 위성 이오에 비하면 평온한 편이다용. 이오는 태양계에서 화산 활동이 가장 활발한 곳으로, 폭발 중인 화산이 400개가 넘는다용.

▶ 결론

지구는 볼수록 탐나는 행성이다용!

- 장하다의 오답을 피하는 방법
- 나선애의 야무진 실험실
- 왕수재의 아는 척 과학교실
- 허영심의 별 헤는 밤
- 곽두기의 빅뱅 따라잡기

COMMENTS

 정말 외계인이 쓴 보고서냐용?

└ 그럴 리가 없다용.

└ 용선생님이 재미로 쓰신 것 같다용.

└ 들켰다용.

4교시 | 화성

제2의 지구는 어디일까?

저게 뭐지? 사막에 웬 로봇이 있어.

여긴 화성이야. 저 로봇은 화성을 탐사하는 큐리오시티라고.

로봇이 왜 화성을 탐사해?

"선생님! 영화에서 봤는데요, 화성에 외계인이 정말 있나요?"

장하다의 갑작스런 질문에 용선생이 싱긋 웃으며 말했다.

"하하, 영화와 달리 화성에는 외계인이 없어."

장하다는 얼굴이 빨개지더니 급하게 말했다.

"인터넷을 보니 화성에 탐사선을 많이 보내던데, 뭔가 있으니까 그런 거 아니에요?"

"하하, 그럼 화성을 왜 탐사하는지 함께 알아볼까?"

 지구를 떠난다면 어디로 가지?

"만약에 말이야, 언젠가 우리가 지구를 떠나야 한다면

어디로 가야 할까?"

아무도 대답하지 못하자 용선생이 다시 말했다.

"아마 화성으로 갈 가능성이 높아."

"화성이라고요?"

"응. 화성은 지구를 뺀 태양계 행성 중 인간이 살 수 있는 환경에 제일 가깝거든. 일단 표면이 단단한 땅으로 이루어져 있지."

"금성도 단단한 땅으로 이루어져 있잖아요."

"맞아. 금성은 지구와 크기도 비슷하고 가장 가깝기도 해서 우리가 가기에 아주 적당해 보이지. 그런데 지난번에 알아봤듯이 금성은 온도가 500℃나 돼서 인간이 살기 어려워."

"그럼 화성은 온도가 몇 도인데요?"

화성 사진을 유심히 보던 허영심이 끼어들었다.

"화성은 색이 불그스름한 게 꼭 불타고 있는 것 같아요. 혹시 엄청 뜨거운 거 아니에요?"

"오호! 옛날 사람들도 영심이처럼 화성이 붉은색을 띠는 걸 보고 무척 뜨거울 줄 알았어. 하지만 실제로 무인 탐사선을 보내 조사해 보니 표면의 온도가 밤에는 영하 140℃이고 낮에는 20℃ 정도였어."

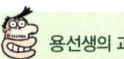

용선생의 과학 현미경

화성
- **영어 이름**: 마스(Mars). 로마 신화에 나오는 전쟁의 신
- **반지름**: 약 3,396 km (지구의 약 0.5배)
- **자전 주기**: 약 24시간 37분
- **공전 주기**: 약 687일
- **위성**: 2개(포보스, 데이모스)
- **고리**: 없음.
- **특이한 점**: 붉은 지표면

▲ 화성

"그러면 우리가 가서 살 수 있을 정도인가요?"

"적절한 보호 시설과 장비가 있다면 인간이 살 수 있을 정도이지."

"오! 다행이네요."

"그렇지? 게다가 화성은 지구와 하루의 길이가 거의 같아. 하루란 천체가 한 번 자전하는 데 걸리는 시간인데, 화성의 하루는 24시간 37분이야. 지구의 하루가 24시간인 것과 거의 같지."

"그런데 화성은 왜 붉게 보이는 거예요?"

"그건 화성 표면을 덮고 있는 산화 철이라는 물질 때문이야. 산화 철은 쉽게 말해 녹슨 철을 말해."

"녹슨 철이요? 자전거가 녹슬면 그 부분이 붉게 변하던데, 그게 산화 철인가요?"

"수재가 관찰력이 뛰어나구나. 맞아, 그것도 산화 철이야. 그러한 산화 철 가루들이 표면을 가득 덮고 있어서 화성이 붉은색을 띠는 거야."

용선생이 자세를 고치며 말했다.

나선애의 과학 사전

산화 철 철이 공기 중의 산소를 만나 변한 물질이야. 주로 붉은색 또는 검붉은 색을 띠어.

▼ **화성의 표면** 바위나 자갈로 이루어진 표면을 아주 고운 산화 철 가루가 덮고 있어.

"화성 표면의 또 다른 흥미로운 점은 물이 흐른 흔적이 있다는 거야."

"물이요?"

아이들이 놀라자 용선생이 즐거운 표정으로 말했다.

"화성 표면에는 마치 말라 버린 강처럼 생긴 거대한 골짜기들이 있어. 그중 가장 깊은 건 미국에 있는 거대한 계곡인 그랜드 캐니언보다 네 배나 깊다고 해. 그랜드 캐니언은 지구상에서 가장 큰 계곡이라고."

"헉! 그것보다 네 배나 깊다면 정말 엄청나겠네요!"

"그럼 지금은 화성에 물이 없어요?"

"있긴 한데 지구에 비하면 매우 적어. 우리가 가서 살기엔 턱없이 부족하지. 게다가 화성은 공기도 매우 부족해. 중력이 약해서 대기를 붙잡아 두지 못해 공기 대부분이 우주로 날아가 버렸거든. 화성에서 살려면 물과 공기를 충분히 마련해야 해."

▲ **올림푸스 화산** 태양계에서 가장 큰 화산으로, 높이는 약 22 km이고 지름은 약 600 km야. 화성의 중력이 약해서 화산이 폭발할 때 용암이 높이 치솟고 멀리까지 퍼지다 보니 이렇게 큰 화산이 만들어졌어.

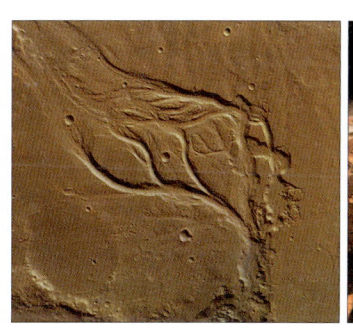

▲ **화성 표면의 물이 흐른 흔적** 이 물줄기의 흔적은 총 길이가 164 km에 이르러.

▲ **화성의 마리네리스** 태양계에서 가장 거대한 골짜기로, 길이는 약 4,000 km이고, 깊이는 약 7 km에 이르러.

▲ **그랜드 캐니언** 지구에서 가장 거대한 계곡으로, 북아메리카 대륙의 남서부 지역에 있어. 전체 길이는 약 446 km이고, 골짜기의 깊이는 최대 1.8 km에 이르러.

"그럼 화성에 사는 외계인도 없겠네요."

장하다가 실망한 목소리로 말했다.

"하하, 너무 실망하지 마. 외계인은 없지만 화성의 땅속 깊은 곳에 아주 작은 생물들이 살고 있을지도 몰라."

"땅속 깊은 곳? 그런 곳에서 생물이 어떻게 살아요?"

"지구에도 혹독한 환경에서 살아가는 생물이 많아. 보통의 생물은 도저히 살 수 없는 깊은 땅속이나 차가운 빙하 아래 같은 곳에서 말이지. 화성에도 이런 생물이 있는지 알아내기 위해 과학자들이 계속 연구하고 있단다."

그러자 나선애가 팔짱을 끼며 말했다.

"전 그냥 지구에 남을래요. 아직 해결할 게 많네요."

"하하, 선애야, 너무 장담하지는 마. 혹시 아니? 머지않아 화성으로 떠나게 될지."

그러자 장하다와 왕수재가 킥킥대며 떠들었다.

"헹! 그럼 선애 빼고 우리끼리 가자!"

"그래! 나중에 같이 가자고 딴말하지 말라고. 큭큭!"

 **핵심정리**

화성은 단단한 땅으로 이루어져 있고 지구와 하루의 길이가 비슷해. 화성 표면은 산화 철로 덮여 있어 붉은색을 띠고 물이 흐른 흔적이 있어. 하지만 사람이 살기에는 물과 공기가 턱없이 부족해.

화성에도 여름이 있을까?

"이제 화성의 대기에 대해 알아볼까? 화성의 대기는 금성처럼 대부분 이산화 탄소로 이루어져 있는데, 대기의 양이 지구 대기에 비하면 $\frac{1}{100}$ 정도야. 화성은 공기가 무척 희박한 행성이지."

곽두기의 낱말 사전

희박 드물 희(稀) 얇을 박(薄). 기체나 액체 같은 물질이 모여 있는 정도가 매우 옅거나 그 양이 아주 적다는 뜻이야.

◀ **지구와 화성의 대기 비교** 같은 넓이의 표면을 덮고 있는 공기의 무게를 비교할 때, 화성의 공기는 지구의 $\frac{1}{100}$ 정도야.

"공기가 정말 적네요."

"하하, 그래서 화성에서는 금성과 같은 온실 효과가 나타나지 않아서 온도가 높아지지 않아."

아이들이 고개를 끄덕이자 용선생이 흐뭇하게 웃으며 말했다.

"그래도 화성의 북극과 남극 같은 극지방에는 드라이아이

나선애의 과학 사전

드라이아이스 고체 상태의 이산화 탄소야. 이산화 탄소는 대부분의 경우 액체 상태를 거치지 않고 고체에서 기체, 기체에서 고체로 바로 변해.

> **용선생의 과학 현미경**
>
> 최근 연구에 따르면 화성의 땅속에서 액체 상태의 물도 발견되었어. 표면에서 1.5km 정도의 깊이에 길이 20km에 달하는 지하 호수가 있다고 밝혀졌지.

눈나 얼음의 형태로 이산화 탄소와 물이 남아 있어. 이것을 '극관'이라고 불러."

"극관이요? 그럼 극관이 녹을 수도 있나요?"

"하하, 들어 보렴. 1600년대부터 과학자들이 망원경으로 화성을 관측했는데, 이상하게도 극관이 커졌다 작아졌다 하며 크기가 변하는 걸 발견했어."

"왜요?"

"극관이 계절에 따라 녹았다 다시 얼었다 하기 때문이야. 화성에도 계절이 있거든. 여름에는 기온이 높아서 극관이 녹아 크기가 작아지고, 겨울에는 기온이 낮아서 극관이 다시 얼어 커지지."

"헉! 화성에도 여름과 겨울이 있어요?"

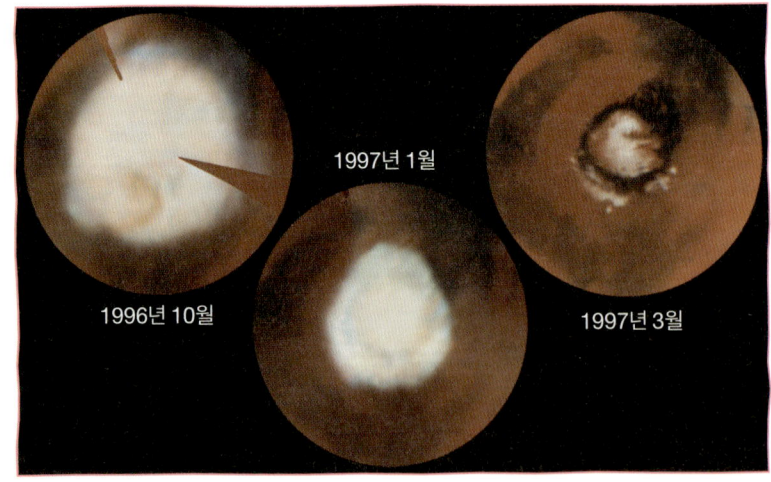

▶ 화성 극관의 크기 변화 화성의 북극과 남극에는 얼음이나 드라이아이스로 된 극관이 있어. 이 사진은 화성 북극에 있는 극관으로, 시간이 지남에 따라 크기가 변하는 걸 볼 수 있어.

"응. 화성도 지구처럼 계절 변화가 있어."

"정말 화성은 지구와 비슷한 점이 많네요. 인정!"

"하하, 그래서 화성을 제2의 지구라고도 부르지. 화성은 태양 둘레를 한 번 공전하는 데 약 687일이 걸려. 지구가 태양 둘레를 한 번 공전하는 데 약 365일이 걸리니 두 배 정도 걸리는 셈이지."

"그럼 화성의 1년은 지구의 2년과 시간이 같겠네요."

"맞아. 그래서 한 계절이 지나는 시간도 지구보다 두 배씩 걸린단다."

"지구에서는 봄, 여름, 가을, 겨울이 3개월씩인데, 그럼 화성은 6개월씩인가요?"

"그렇지."

용선생이 끄덕이자 곽두기가 눈을 반짝이며 물었다.

"화성에도 계절이 있다니 정말 가 보고 싶어요! 근데 어떻게 가야 하죠?"

 핵심정리

화성의 대기는 매우 희박하고 대부분 이산화 탄소로 이루어져 있어. 극지방에는 드라이아이스와 얼음으로 이루어진 극관이 있는데 계절에 따라 크기가 변해.

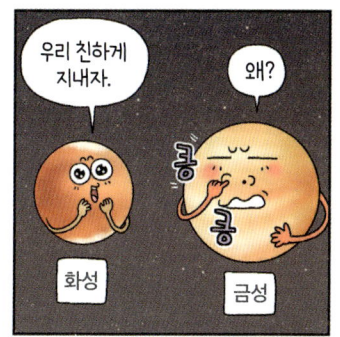

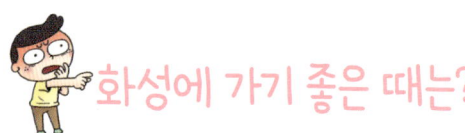
화성에 가기 좋은 때는?

"그래서 화성에 사람을 보내려고 많은 과학자들이 준비하고 있어. 미국 항공 우주국에서는 2033년까지 화성에 우주 비행사들을 보낼 예정이고, 미국의 한 항공 우주 기업에서는 아예 화성에 사람을 보내서 거기서 살게 할 계획까지 진행하고 있단다."

"정말요? 그럼 화성에서 살 수 있는 거예요?"

"그럴 수도 있지. 내가 말했지? 다른 행성으로 떠나는 게 먼 미래가 아닐 수도 있다고."

▼ **스페이스X(엑스)** 미국의 항공 우주 기업인 스페이스X에서는 화성에 사람을 살게 하는 계획뿐 아니라 국제 우주 정거장에 필요한 물품을 전달하는 우주선을 운영하는 등 다양한 우주 관련 사업을 하고 있어.

"우아……!"

아이들이 감탄하자 용선생이 말을 이었다.

"그런데 화성에 갈 때 반드시 고려해야 할 게 있어."

"뭔데요?"

"언제 출발해야 하는가 하는 점이지."

왕수재가 어깨를 으쓱하며 말했다.

"당연한 거 아니에요? 화성에 가려면 돈이 많이 들 텐데, 준비가 완벽히 되었을 때 떠나야 하겠죠."

"하하, 그런 얘기가 아니라 화성이랑 지구가 가장 가까울 때를 노려서 출발해야 한다는 얘기야."

"가장 가까울 때요?"

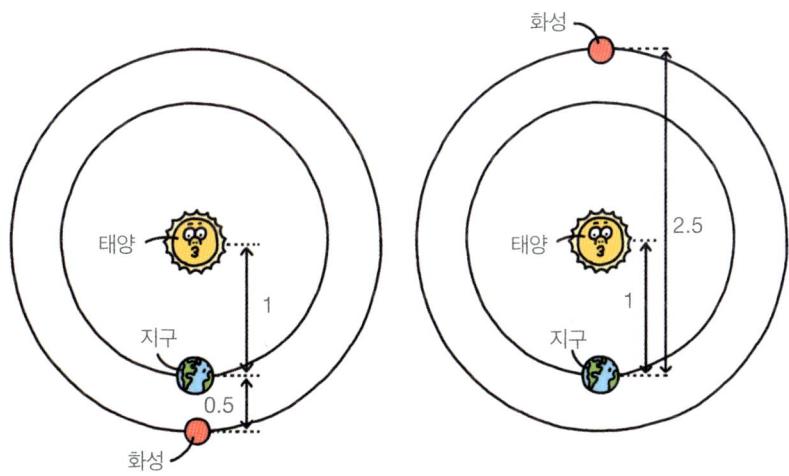

▲ **지구와 화성 사이의 거리** 지구에서 태양까지의 거리(약 1억 5000만 km)를 1이라고 할 때, 지구와 화성이 가장 가까울 때의 거리는 0.5이고 가장 멀 때의 거리는 2.5야. 가장 가까울 때와 멀 때의 거리 차이가 5배나 나지.

"응. 지구와 화성은 태양 주위를 공전하면서 서로 가까워지기도 하고 멀어지기도 해. 어느 때 출발하느냐에 따라 날아가야 하는 거리가 엄청나게 달라지지."

"아, 그렇겠네요."

"지난 시간에 알아본 금성과 비교해 보면, 화성의 공전 궤도는 지구의 공전 궤도보다 바깥쪽에 있어. 그래서 지구에서 볼 때 화성은 태양 쪽에 위치할 때도 있고 태양 반대쪽에 위치할 때도 있어."

"그럼 언제 화성을 볼 수 있어요?"

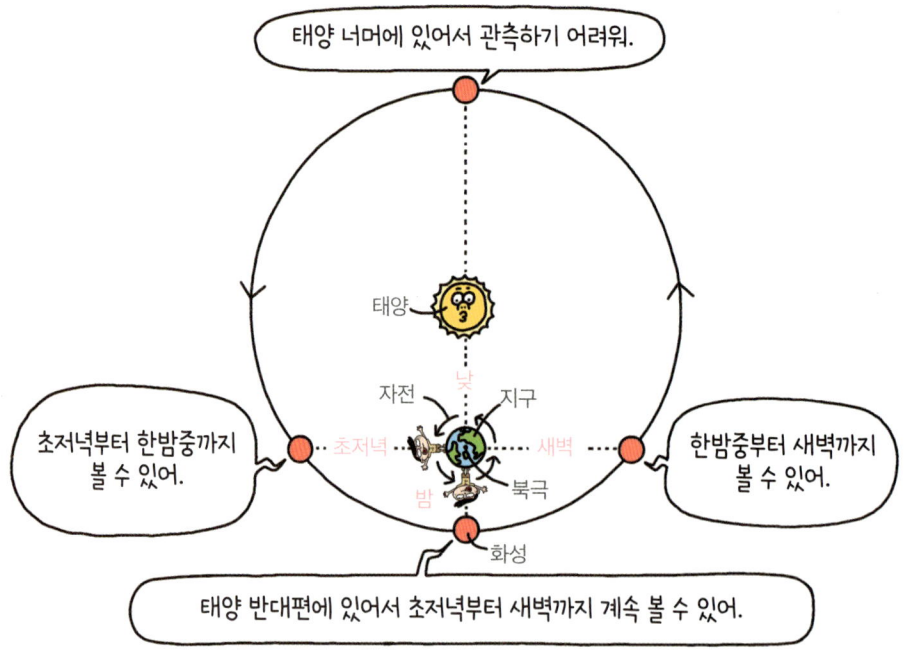

▲ 화성을 관측할 수 있는 시간

"화성이 태양 쪽에 있을 땐 금성과 마찬가지로 태양 빛 때문에 관측하기 힘들어. 하지만 태양 반대쪽에 있을 땐 쉽게 관측할 수 있단다. 화성은 금성보다 관측할 수 있는 시간이 더 길지."

"금성은 새벽이나 초저녁에만 볼 수 있었는데, 화성은 한밤중에도 볼 수 있어요?"

"물론이야. 한밤중에도 화성을 볼 수 있어."

그러자 장하다가 쾌재를 부르며 말했다.

"좋았어! 금성을 보는 건 실패했지만 화성은 꼭 보고 말겠어요!"

"하하, 좋아! 성공을 빌게. 그럼 오늘 수업은 여기까지!"

핵심정리

지구와 화성 사이의 거리는 두 천체가 공전하면서 달라져. 화성은 지구 바깥쪽에서 공전하고 있어서 금성보다 관측할 수 있는 시간이 길고 한밤중에도 볼 수 있어.

나선애의 정리노트

1. 화성과 지구가 비슷한 점
① 단단한 ⓐ [ ] 이 있음.
② 낮 동안의 표면 온도가 20℃ 정도임.
③ 하루의 길이가 24시간 정도임.
④ 계절이 변함.

2. 화성의 특징
① 표면
- ⓑ [ ] 로 덮여 있어 붉은색을 띰.
- ⓒ [ ] 이 흐른 흔적이 있음.

② 물과 공기
- 매우 희박함.
- 공기는 대부분 ⓓ [ ] 로 이루어짐.
- 극지방에 물과 이산화 탄소가 얼어 있는 ⓔ [ ] 이 있음.

3. 화성의 공전
① 지구보다 바깥쪽에서 태양 주위를 공전함.
② 화성의 위치에 따라 지구에서 새벽이나 초저녁, 한밤중에 관측할 수 있음.

정답 ⓐ 땅 ⓑ 산화철 ⓒ 물 ⓓ 이산화 탄소 ⓔ 극관

과학퀴즈 달인을 찾아라!

●정답은 119쪽에

01

친구들이 이번 시간에 배운 내용에 대해 이야기하고 있어. 옳으면 O, 옳지 않으면 X를 표시해 줘.

① 화성은 지구에서 가장 가까운 행성이야. (　　)
② 화성 표면은 온도가 매우 높아 붉은색을 띠어. (　　)
③ 화성에는 물이 흐른 흔적이 있어. (　　)

02

다음 보기의 문장 속 괄호에 들어갈 말을 순서대로 이으면 어떤 모양이 나온대. 정답을 찾아서 어떤 모양이 나오는지 그려 봐.

보기
- 화성 표면은 단단한 (　　　)으로 이루어져 있어.
- 하지만 물과 (　　　)가 아주 부족해서 사람이 살기 어려워.
- 극지방에는 물과 (　　　　)가 얼어 있는 (　　　)이 있어.

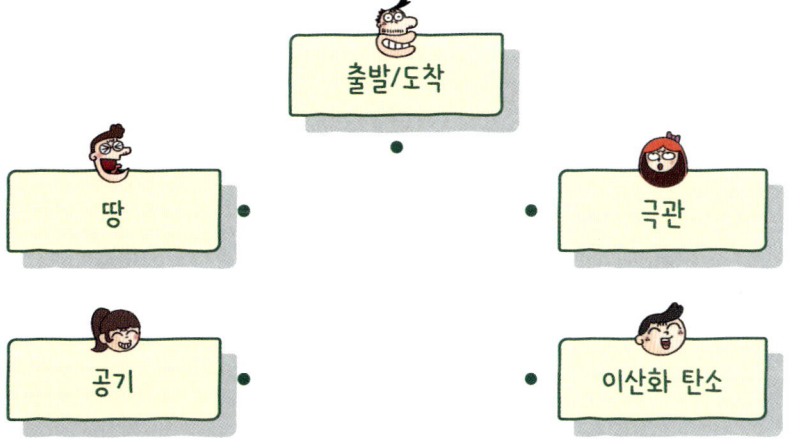

5교시 | 목성과 토성

고리가 있는 행성은?

교과연계

초 **5-1** 태양계와 별
중 **2** 태양계

다른 행성에서는 고리를 본 적 없는데.

과연 토성만 고리가 있을까?

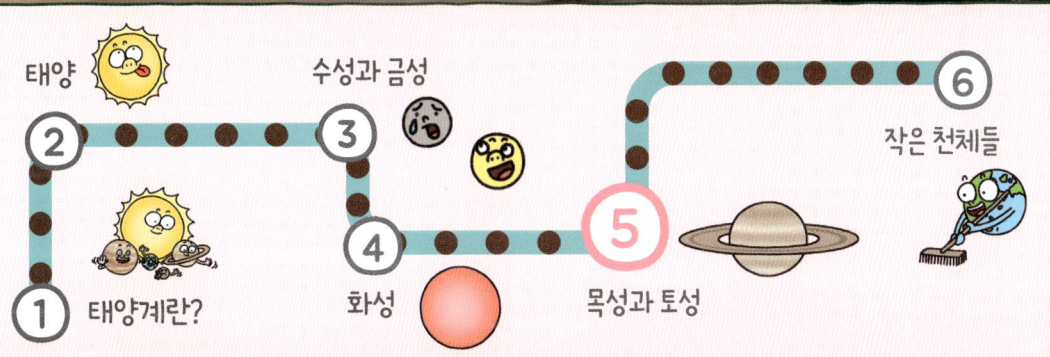

① 태양계란?
② 태양
③ 수성과 금성
④ 화성
⑤ 목성과 토성
⑥ 작은 천체들

"아이, 참! 목성에도 고리가 있다니까!"

"아닌데! 고리 같은 건 없는데! 토성이랑 헷갈린 거 아냐?"

"목성 맞다니까!"

나선애와 왕수재가 투덕거리는데 용선생이 끼어들었다.

"잠깐, 얘들아. 왜 다투는 거니?"

나선애가 용선생 쪽으로 몸을 돌리며 말했다.

"제가 분명히 어디선가 봤거든요. 목성에 고리가 있다는 글을요."

왕수재가 스마트폰 화면을 내보이며 지지 않고 목소리를 높였다.

"목성은 고리가 없어요. 이 사진을 보세요!"

"하하! 좋았어. 누구 말이 맞는지 알아볼까?"

목성은 고리가 있다? 없다?

"먼저 태양계에서 고리가 확실히 보이는 행성은 토성이야. 이건 맞는 말이지?"

"네, 맞아요."

"지금은 기술이 많이 발전해서 선명한 사진으로 토성의 고리를 확인할 수 있어. 하지만 옛날 사람들은 토성에 고리가 있는 줄 몰랐단다."

"정말요?"

허영심이 눈을 크게 뜨며 말했다.

"응. 토성은 태양계에서 두 번째로 큰 행성이야. 지구에서 망원경 없이도 관측할 수는 있지만, 맨눈으로 보면 고리까지는 안 보이거든."

"그럼 토성의 고리는 망원경이 나온 뒤에 발견된 거예요?"

"맞아. 1610년에 갈릴레이가 망원경으로 토성을 자세히 관찰하고는 토성에 귀처럼 생긴 게 달려 있다고 했으니까."

"푸하하! 행성에 귀가 달려 있다니."

"하하, 지금 생각하면 우습지만, 당시의 망원경으로는 지금처럼 토성의 고리를 선명히 볼 수 없었거든."

"하긴 고리가 귀처럼 보일 수도 있었겠네요."

 용선생의 과학 현미경

토성
- **영어 이름**: 새턴 (Saturn). 로마 신화에서 농경의 신이자 제우스의 아버지
- **반지름**: 약 60,268 km (지구의 약 9.4배)
- **자전 주기**: 약 10시간 14분
- **공전 주기**: 약 29년
- **위성**: 62개 이상
- **고리**: 있음.
- **특이한 점**: 지구에서 맨눈으로 볼 수 있는 가장 먼 행성

▲ 토성

▲ **갈릴레오 갈릴레이**
(1564년~1642년) 이탈리아의 과학자야. 망원경을 이용해서 태양계의 다양한 현상을 관측했어.

▲ **크리스티안 하위헌스**
(1629년~1695년) 네덜란드의 수학자이자 과학자야. 토성에 대한 연구 외에도 빛과 색, 중력 등 다양한 분야에서 업적을 남겼어.

"응. 갈릴레이는 그것이 고리일 거라고는 생각 못 했어. 그저 토성에 바짝 붙어 있는 천체들이 겹쳐 보이는 거라고 생각했지."

"그럼 고리라는 건 언제 밝혀졌어요?"

"그로부터 약 45년 후 네덜란드의 과학자 하위헌스가 토성에 고리가 있다는 걸 명확히 밝혀냈단다. 그러자 많은 과학자들이 토성의 고리를 연구하기 시작했어."

"아하, 그렇군요."

"토성의 고리는 지구에서 달까지의 거리와 비슷할 정도로 폭이 넓어. 넓고 좁은 여러 개의 고리가 원반 모양을 이루고 있지. 고리와 고리 사이에 듬성듬성 빈 곳도 있고 말이야. 토성의 고리는 대부분 얼음 알갱이로 이루어져 있고

바위 조각과 먼지도 섞여 있어."

"근데 토성의 고리를 왜 그렇게 연구하는 거예요?"

나선애가 진지한 표정으로 묻자 용선생도 진지한 표정으로 답했다.

"신기하잖아. 다른 행성에는 없으니까."

"다른 행성에는 없다고요? 그럼 목성은 고리가 없다는 말씀이에요?"

나선애가 발을 동동거렸다.

"에구, 급하기는. 들어 봐. 과학자들도 오랫동안 토성에만 고리가 있는 줄 알았어. 근데 1977년에 발사된 보이저호가 목성 근처에 다다르면서 상황이 바뀌었지."

"보이저호가 또 나왔네요!"

"응. 보이저호는 1979년에 목성 주위를 지나면서 사진을 여러 장 찍어 보냈어. 그 사진을 보니 목성 주위에도 가느다란 고리가 있었던 거야!"

"거 봐! 내 말이 맞잖아!"

나선애가 의기양양하게 외치자 왕수재가 고개를 푹 숙였다. 용선생이 왕수재의 어깨를 토닥이며 말했다.

"하하, 주눅 들 필요 없어. 목성의 고리는 아주 최근에

 용선생의 과학 현미경

목성
- **영어 이름**: 주피터 (Jupiter). 로마 신화에서 신들의 왕인 제우스
- **반지름**: 약 71,492 km (지구의 약 11.2배)
- **자전 주기**: 약 9시간 50분
- **공전 주기**: 약 12년
- **위성**: 79개 이상
- **고리**: 있음.
- **특이한 점**: 지구에서 금성 다음으로 밝게 보이는 행성

▲ 목성

▼ 토성의 고리

발견됐거든. 목성의 고리는 토성과는 달리 얼음 알갱이는 거의 없고 대부분 아주 작은 바위 부스러기들로 이루어져 있지."

"목성에도 고리가 있다는 걸 어서 빨리 친구들에게 알려야겠어요."

"잠깐! 목성과 토성은 아주 중요한 공통점이 또 있어."

"네? 또 뭔데요?"

▲ **목성의 고리** 보이저 2호가 찍은 사진이야.

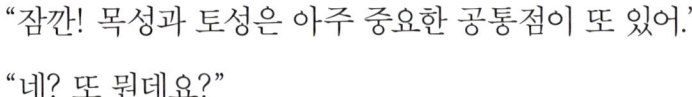

토성은 대부분 얼음 알갱이로 이루어진 선명한 고리를 가지고 있어. 목성도 작은 바위 부스러기로 이루어진 가느다란 고리가 있어.

 거대한 목성의 신비

"그건 목성과 토성에 단단한 땅이 없다는 거야."

"네에? 땅이 없으면 뭐가 있어요?"

"목성과 토성은 기체로 이루어져 있지."

"기체요? 기체로 돼 있으면 금방 흩어지지 않아요?"

나선애가 묻자 왕수재가 어깨를 으쓱하며 말했다.

"태양도 기체로 돼 있는데 둥근 모양 그대로 있잖아."

"태양은 행성이 아니라 별이잖아."

"그게 기체인데 흩어지지 않는 거랑 무슨 상관이야?"

나선애와 왕수재가 옥신각신하자 용선생이 말했다.

"하하, 내 말을 들어 보렴. 태양은 기체로 되어 있지만 중력이 워낙 강해서 흩어지지 않고 둥근 모양을 유지해. 목성과 토성도 마찬가지야. 중력이 아주 강해서 행성을 이루는 기체들을 중심으로 끌어당기거든. 그래서 흩어지지 않고 둥근 모양을 이루는 거란다."

"중력이 강해서요?"

"응. 목성은 태양계에서 가장 큰 행성이고, 토성은 두 번째로 큰 행성이야. 태양에 비하면 작지만 행성 중에서는 제일 무겁고 중력도 어마어마하지."

그때 곽두기가 손을 들었다.

"선생님, 기체는 보통 눈에 잘 안 보이잖아요. 목성이나 토성이 기체로 돼 있으면 우리 눈에 잘 안 보여야 하는 거 아니에요? 그런데 왜 잘 보여요?"

 용선생의 과학 현미경

목성과 토성, 천왕성, 해왕성은 모두 기체로 이루어진 행성이야. 이를 목성형 행성이라고 하지. 이와 반대로 수성, 금성, 지구, 화성은 단단한 땅이 있는 행성이야. 이를 지구형 행성이라고 불러.

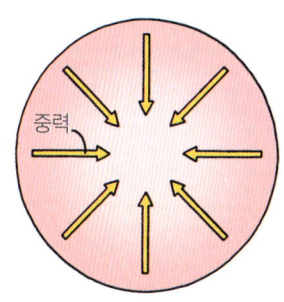

▲ **행성의 모양과 중력** 행성이 공처럼 둥근 이유는 중력이 모든 방향에서 중심으로 작용하기 때문이야.

"오, 그런 궁금증을 가질 수도 있겠구나! 우리 눈에 보이는 건 대부분 목성과 토성의 대기 겉 부분을 둘러싼 구름이야. 목성과 토성은 대기가 아주 짙어서 구름도 많거든. 만약 대기가 없다 해도 행성을 이루는 기체 또한 워낙 짙어서 투명해 보이진 않을 거야. 목성의 구조를 보렴."

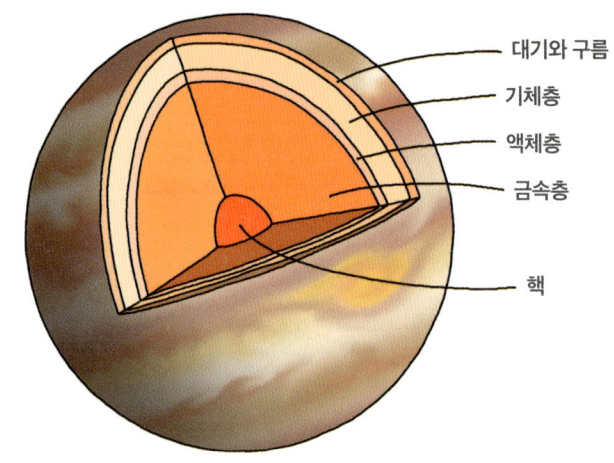

▶ **목성의 내부 구조** 목성의 내부 구조를 직접 확인할 수는 없지만 과학적으로 계산해 보면 이런 모양이야. 목성의 핵은 지구와 크기가 비슷하다고 해.

"목성은 표면과 대기가 모두 기체라서 둘의 경계가 뚜렷하진 않지만, 과학자들은 목성 대기의 두께를 약 3,000km로 봐. 지구의 대기에 비하면 아주 두껍지."

"지구의 대기는 얼마나 두꺼운데요?"

"기준에 따라 보통 100~1,000km로 본단다."

"헉! 지구보다는 확실히 두껍네요."

"맞아. 과학자들의 추측에 따르면 목성의 내부에는 액체와 금속으로 된 층이 각각 있고, 더 안쪽에는 금속과 암석으로 이루어진 단단한 핵이 있어."

"작고 단단한 핵을 두꺼운 층이 여러 겹 둘러싸고 있는 것 같아요. 가장 바깥쪽엔 대기가 있고요."

"맞아. 목성의 대기 아래쪽은 대부분 수소와 헬륨으로 되어 있어. 그 위로 메테인, 에테인, 암모니아, 수증기 같은 기체들이 섞여서 두꺼운 구름을 이루지. 그러한 기체들이 태양 빛을 받아 여러 가지 색을 띠는데, 그게 우리가 보는 목성의 색이야."

"오, 목성의 색은 목성의 구름 색이었군요!"

용선생은 고개를 끄덕이며 다음 사진을 띄웠다.

"목성은 매우 빠르게 자전해. 그래서 구름이 적도와 나란한 방향으로 빠르게 흐르며 줄무늬를 띠어."

"정말 나란한 줄무늬가 보여요."

> **나선애의 과학 사전**
>
> **메테인** 색깔과 냄새가 없고 불이 잘 붙는 기체야. 공기보다 가볍고 우리가 사용하는 도시가스에 들어 있어.
>
> **에테인** 색깔과 냄새가 없고 불이 잘 붙는 기체야. 공기보다 무거워.
>
> **암모니아** 고약한 냄새가 나고 물에 잘 녹는 기체야. 주로 비료의 재료로 사용돼.

▲ **목성의 겉모습** 전체적으로 적도와 나란한 줄무늬가 있고, 중간중간 둥근 모양의 소용돌이가 보여.

"그렇지? 목성은 한 번 자전하는 데 약 9시간 50분밖에 걸리지 않아. 하루가 10시간 정도인 셈이지."

"우아! 엄청 빠르게 도네요!"

"그래서 목성이 자전하는 방향을 따라 대기도 빠르게 움직이고, 그러다 보니 줄무늬를 이루는 거야."

아이들이 고개를 끄덕이는데 곽두기가 손을 들었다.

"근데 저기 배꼽처럼 생긴 동그란 건 뭐예요?"

"하하, 저건 대적반이라는 거대한 소용돌이야. 대적반은 크기가 무려 지구의 1.5배나 되고, 바람이 1초에 100m를 갈 정도로 빠르게 불어."

"1초에 100m요?"

"응. 대적반은 약 350년 전에 처음 관측됐는데 크기가 조금씩 줄고는 있지만 지금도 있어. 목성에는 대적반 말고도 크고 작은 소용돌이가 많아."

"어휴, 저기에 휩쓸리면 뼈도 못 추리겠어요."

"하하, 그렇지? 이렇게 표면이 기체로 이루어진 행성은 단단한 땅이 없어서 우주선이 착륙할 수 없어. 착륙은커녕 두꺼운 대기를 뚫고 들어가기도 어렵지."

"만약 대기로 들어가면 어떻게 되는데요?"

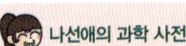

나선애의 과학 사전

대적반 클 대(大) 붉을 적(赤) 얼룩 반(斑). 커다란 붉은 얼룩이라는 뜻으로, 목성 대기에 있는 큰 소용돌이야. 대적점이라고도 불러.

용선생의 과학 현미경

목성의 대적반은 프랑스의 천문학자 조반니 카시니가 1665년에 처음 관측했어. 당시 대적반의 크기는 지구의 세 배 정도였어.

▼ 목성의 대적반

"실제 사건을 말해 줄까? 미국 항공 우주국에서 발사한 목성 탐사선 갈릴레오호가 1996년에 목성의 대기로 관측 장비를 떨어뜨렸어. 이 관측 장비는 목성의 짙은 대기에 부딪쳐 한 시간 만에 모두 불타 버리고 말았대."

"흐익! 무섭기도 하고, 신기하기도 하네요."

핵심정리

목성은 수소와 헬륨 등의 기체로 이루어진 행성이야. 적도와 나란한 줄무늬와 거대한 소용돌이인 대적반을 볼 수 있어. 목성의 중심에는 단단한 핵이 있는 것으로 추측돼.

토성은 왜 줄무늬가 희미할까?

"그럼 토성의 대기나 내부 모습도 목성과 비슷한가요?"

"응. 다만 토성은 표면의 줄무늬가 목성보다 희미해."

▲ **토성** 옅은 노란색이고 희미한 줄무늬를 띠어.

"토성은 자전이 그리 빠르지 않나 봐요."

"그건 아니야. 토성이 한 번 자전하는 데 걸리는 시간은 10시간 14분 정도로, 목성과 비슷해."

"토성도 엄청 빠른데 왜 줄무늬가 희미해요?"

"토성은 대기 겉 부분을 둘러싼 구름이 대부분 암모니아 얼음 덩어리로 돼 있거든. 이 얼음 덩어리는 태양 빛을 받으면 노란색을 띠어. 그래서 토성이 노란색이지. 참고로 암모니아는 오줌에 들어 있는 물질이란다."

"윽! 냄새가 고약하겠어요."

"하하, 그렇겠구나. 또, 토성의 구름은 두껍고 무거워서 행성이 자전하는 만큼 빠르게 흐르지 않아. 그래서 목성처럼 줄무늬가 또렷하지 않고 희미한 거야."

용선생은 새로운 토성 그림을 띄우며 말을 이었다.

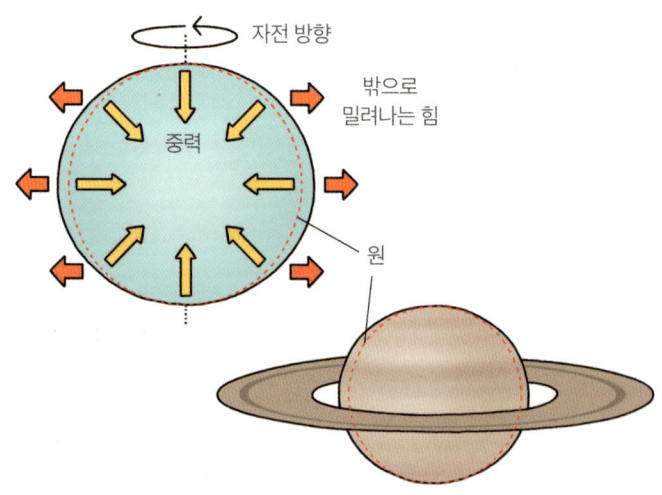

▶ **토성의 모양** 토성을 이루는 기체 중 가벼운 수소가 자전으로 인해 바깥쪽으로 밀려나면서 토성이 양옆으로 길쭉한 모양을 띠어. 토성은 태양계 행성 중 가장 납작한 모양이지.

"그림을 보렴. 잘 보면 토성은 다른 행성들과 모양이 조금 달라. 위아래보다 좌우가 조금 더 길지."

"어? 정말 그러네요. 왜 그런 거예요?"

"토성의 자전 때문이야. 너희 뱅글뱅글 도는 놀이 기구를 타면 바깥쪽으로 밀려나는 힘이 느껴지지 않니?"

"맞아요!"

"게다가 두기처럼 몸무게가 가벼운 사람은 더 많이 밀려나지. 이와 같은 원리야. 토성도 수소와 헬륨으로 이루어져 있는데 그중 무게가 가벼운 수소가 아주 많아. 이 수소들이 자전할 때 바깥쪽으로 더 많이 밀려나거든. 그래서 토성이 자전 방향을 따라 옆으로 길쭉해지는 거야."

"이히! 그래서 토성이 납작한 모양이 된 거군요?"

"그렇지. 기체 행성은 참 신기하지 않니?"

"맞아요. 눈에 보이는 게 다가 아니네요."

"오늘처럼 하나씩 알아 가다 보면 언젠가 태양계의 비밀을 모두 파헤칠 수 있을 거야!"

핵심정리

토성은 목성과 마찬가지로 수소 등의 기체로 이루어진 행성이야. 표면의 줄무늬가 희미하고 전체적으로 노란색을 띠며, 양옆으로 길쭉한 모양이야.

나선애의 정리노트

1. 목성
① 태양계에서 가장 큰 행성
② ⓐ [　　] 와 헬륨 등의 기체로 이루어짐.
③ 가느다란 고리가 있음.
  • 1979년 보이저호가 발견. 대부분 작은 바위 부스러기로 이루어짐.
④ 적도와 나란한 ⓑ [　　] 가 있음.
  • 매우 빠르게 자전하기 때문
⑤ ⓒ [　　] : 대기에서 부는 거대한 소용돌이로, 지구의 1.5배 크기임.

2. 토성
① 태양계에서 두 번째로 큰 행성
② 수소와 헬륨 등의 기체로 이루어짐.
③ 넓은 ⓓ [　　] 가 있음.
  • 얼음 알갱이와 바위 조각, 먼지 등으로 이루어짐.
④ 양옆으로 길쭉한 모양
  • 가벼운 수소가 ⓔ [　　] 에 의해 바깥쪽으로 밀려나기 때문

ⓐ 수소 ⓑ 줄무늬 ⓒ 대적점 ⓓ 고리 ⓔ 자전

과학퀴즈 달인을 찾아라!

●정답은 119쪽에

01

친구들이 이번 시간에 배운 내용에 대해 이야기하고 있어. 옳으면 O, 옳지 않으면 X를 표시해 줘.

① 목성과 토성은 모두 고리가 있어. (   )
② 목성에는 착륙할 수 없지만, 토성에는 착륙할 수 있어. (   )
③ 토성은 목성보다 빠르게 자전해. (   )

02

[보기]의 글을 읽고 빈칸에 들어갈 말을 아래에 있는 네모칸에서 찾아봐. 네모칸에 있는 글자들을 가로, 세로 혹은 대각선으로 연결해서 찾으면 돼.

[보기]
① 목성과 토성은 ○○, 헬륨 같은 기체로 이루어져 있어.
② 목성에는 가느다란 ○○가 있어.
③ 목성 겉 부분에는 ○○와 나란한 줄무늬가 나타나.

수	질	적
대	소	도
반	고	리

용선생의 과학 카페 | 용선생의 한국사 카페 | 용선생의 세계사 카페

https://cafe.naver.com/yongyong

용선생의 과학 카페

과학계의 핵인싸,
용선생의 과학 카페에
오신 걸 환영합니다.

[Log in]

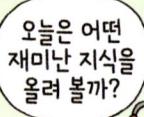
오늘은 어떤 재미난 지식을 올려 볼까?

MENU

물리면 아프다
화학이 화하하
생물 오징어
지구는 둥글다

천왕성과 해왕성을 빼놓지 말라고!

태양계 가족을 소개하며 나 천왕성과 내 동생 해왕성을 빠뜨리다니, 용선생 정말 실망이야! 아무래도 우리가 직접 나서야겠군.

지구인들은 우리를 비교적 최근에 발견했어. 나는 1781년에 발견되었지. 수성부터 토성까지는 맨눈으로 보이지만 우리는 망원경으로 봐야 보이거든. 난 태양에서 지구보다 약 19배나 먼 거리에서 태양 주위를 돌고 있어. 예전에 지구인들은 태양계를 토성까지인 줄로만 알았지만, 내가 발견되면서 태양계가 두 배 이상 크다는 걸 깨닫게 되었지. 훗!

천왕성
- 영어 이름: 우라노스(Uranus). 그리스 신화에 나오는 하늘의 신
- 반지름: 약 2만 6000 km(지구의 약 4배)
- 자전 주기: 약 17시간 14분
- 공전 주기: 약 84년
- 위성: 27개 이상
- 고리: 목성과 같이 희미한 고리가 있음.
- 대기: 주로 수소이며 메테인과 헬륨이 섞여 있음.
- 표면색: 청록색
- 특이한 점: 목성, 토성과 같은 기체 행성. 공전 궤도에 거의 평행하게 누운 채로 자전함.

나 해왕성은 태양계 행성 중 가장 바깥쪽에 있어. 태양에서 지구보다 약 30배나 먼 거리에서 태양 주위를 돌고 있지. 난 천왕성과 쌍둥이처럼 비슷하단다.

지구인들은 날 1846년에 찾아냈어. 안 들키려고 그렇게 꼭꼭 숨어 있었는데 말이지. 어떻게 찾아냈냐고? 과학자들이 천왕성을 발견한 후 수학적으로 계산을 하더니, 천왕성 바깥에 또 하나의 행성이 있을 거라는 거야. 그래서 그곳을 열심히 관측한 끝에 날 발견했지. 정말 깜짝 놀랐지 뭐야? 과학자들의 열정은 정말 대단해!

장하다의 오답을 피하는 방법
나선애의 야무진 실험실
왕수재의 아는 척 과학교실
허영심의 별 헤는 밤
곽두기의 빅뱅 따라잡기

해왕성
- 영어 이름: 넵튠(Neptune). 그리스 신화에 나오는 바다의 신
- 반지름: 약 2만 5000km(지구의 약 3.9배로 천왕성보다 아주 조금 작음)
- 자전 주기: 약 16시간 3분
- 공전 주기: 약 165년
- 위성: 14개 이상
- 고리: 목성과 같이 희미한 고리가 있음.
- 대기: 주로 수소이며 메테인과 헬륨이 섞여 있음(천왕성과 매우 비슷함).
- 표면색: 푸른색
- 특이한 점: 목성, 토성과 같은 기체 행성. 표면에 목성의 대적반과 비슷한 소용돌이인 대흑반이 있음.

COMMENTS

 반, 반, 반 자로 끝나는 말은?

└ 대적반!

└ 대흑반!

└ 즐거운 우리 과학반!

6교시 | 작은 천체들

태양계의
또 다른 식구는?

"수재야, 무슨 책 읽어?"

나선애가 과학실에 들어서며 물었다.

"응, 이거 삼촌이 보던 책인데, 태양계에 대한 거야."

"또 삼촌 책이야? 다 읽으면 빌려주라."

"그럼 너 먼저 읽을래?"

왕수재가 책을 내밀자 나선애가 얼른 받았다. 책을 앞뒤로 넘기던 나선애가 의아한 표정으로 말했다.

"이상하네. 이 책에는 왜 태양계의 행성이 9개라고 되어 있지?"

"무슨 소리야? 수금지화목토천해. 태양계 행성은 9개가 아니라 8개잖아."

"이 책에는 명왕성이라는 행성이 있다는데? 너 또 옛날 책 가져온 거 아냐?"

명왕성이 행성에서 탈락한 까닭은?

그때 용선생이 과학실로 들어오며 말했다.

"하하, 수재가 또 옛날 책을 가져왔구나."

"또 옛날 거예요? 그럼 책 내용이 틀렸나요?"

"응. 사실 2006년 이전까지는 태양계의 행성이 9개였어. 1930년에 미국의 천문학자 톰보가 명왕성을 발견했는데, 그게 태양계의 9번째 행성이었거든."

"2006년 이전까지라고요? 그럼 그 이후에는요?"

"2006년에 명왕성은 행성이 아니라고 바뀌었지."

"네에? 행성이었다가 아닌 게 될 수도 있는 거예요?"

"그게 사연이 있어. 명왕성은 수성부터 해왕성까지 태양계 행성들과 좀 다른 점이 많거든."

"어떤 점이 다른데요?"

"먼저 공전 궤도의 모양이 너무 길쭉해. 어쩔 땐 해왕성 궤도 안쪽으로 들어오기도 하지. 게다가 명왕성은 지구의

> 허영심의 인물 사전
>
> **클라이드 톰보** (1906년 ~1997년) 미국의 천문학자야. 명왕성 외에도 소행성을 750개나 발견하는 등 천문학 분야에서 많은 업적을 남겼어.

▼ **명왕성의 궤도** 다른 행성들의 공전 궤도보다 길쭉하고 기울어진 정도도 달라.

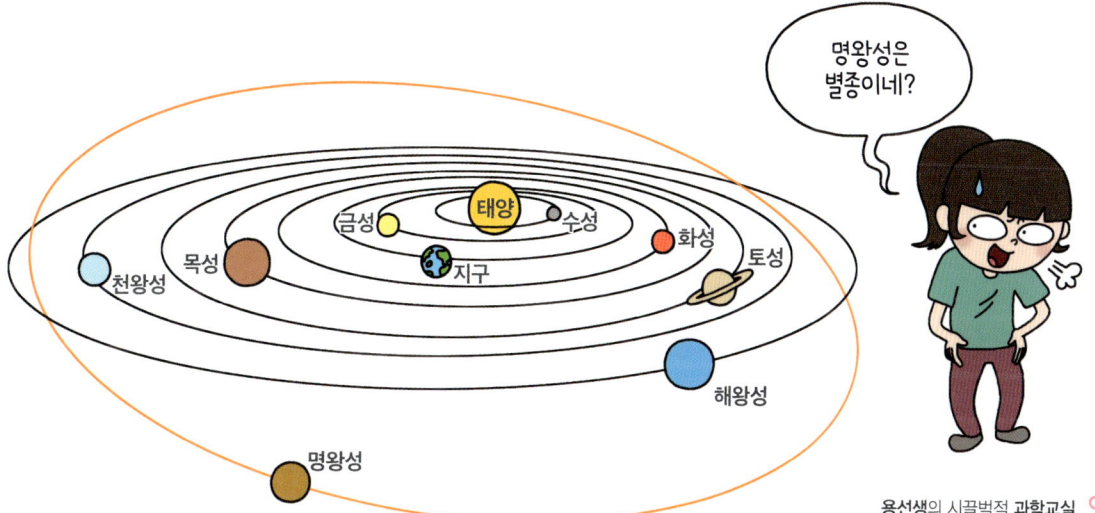

위성인 달보다도 크기가 작아. 이처럼 다른 행성들과 다른 점이 많다 보니 과학자들이 명왕성을 어떻게 분류해야 할지 골치 아파했지."

"음……. 그래서요?"

"1990년대에 들어서 명왕성 주변에서 비슷한 궤도를 가진 조그만 천체들이 하나둘씩 발견되었어. 그러다 2005년에 에리스라는 천체가 발견되었어. 에리스는 명왕성보다 크기가 조금 컸어."

"그럼 에리스도 행성이 되었어요?"

"에리스를 발견한 미국의 과학자들은 에리스가 태양계의 10번째 행성이 되어야 한다고 주장했어. 그런데 알고 보니 에리스의 공전 궤도는 명왕성보다도 더 특이한 거야. 이 그림을 볼래?"

"에리스가 명왕성 궤도 안쪽으로 들어왔다가 밖으로 나갔다가 그러네요."

"그렇지. 앞으로도 이런 새로운 천체가 얼마든지 발견될 수 있지 않겠니? 그래서 과학자들은 행성에 대한 명확한 기준을 마련해야겠다고 생각했어. 그렇지 않으면 태양계 행성이 무한정 늘어날 수

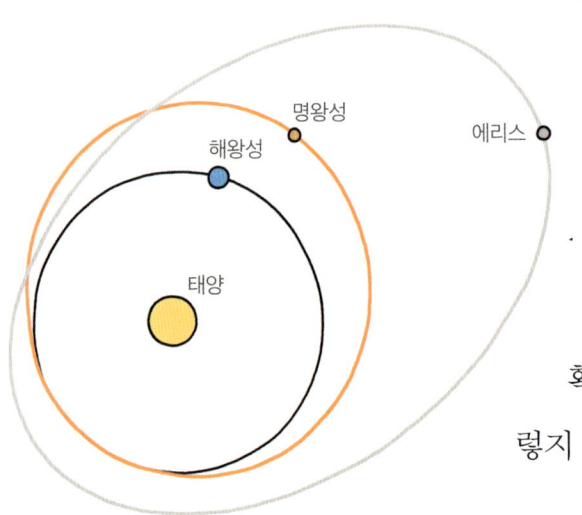

▲ 에리스의 공전 궤도

도 있을 테니 말이야. 그럼 얼마나 복잡하겠니?"

"행성 개수가 너무 많아지면 복잡하니까 기준을 정한 거군요. 그럼 그 전에는 행성의 기준이 없었어요?"

"응. 이전부터 하던 대로, 태양 주위를 공전하고 크기가 적당한 천체를 행성이라고 부른 거지."

"그럼 2006년에 행성의 기준을 어떻게 정했는데요?"

"국제천문연맹에서 에리스를 행성으로 인정할지 말지 정하는 회의를 열었어. 그 회의에서 행성의 정확한 기준이 결정되었단다."

"그래서 행성의 기준이 뭔데요?"

"과학자들은 명왕성 이전에 행성이라 불리던 천체들의 모양과 운동을 파악해서 행성의 세 가지 기준을 정했어."

용선생은 새로운 그림을 띄웠다.

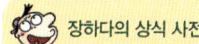 장하다의 상식 사전

국제천문연맹 전 세계 79개국의 천문학자들이 가입한 단체로, 천문학 연구의 국제 교류를 위해 만들어졌어.

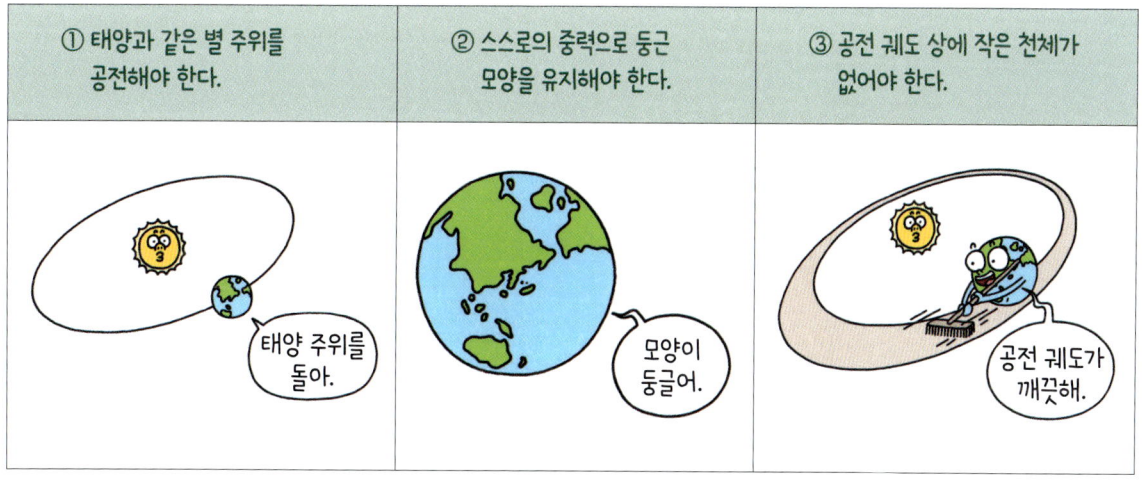

▲ 행성의 세 가지 기준

"오호! 이게 행성의 기준이군요. 그래서 에리스는 어떻게 됐어요?"

"에리스는 행성으로 인정받지 못했어. 그리고 이때 명왕성도 행성에서 함께 탈락했지."

"엥? 명왕성까지 탈락했다고요? 왜요?"

"에리스와 명왕성 둘 다 행성의 세 번째 기준을 만족하지 못했거든. 명왕성과 에리스의 공전 궤도에는 얼음 알갱이나 작은 바위 같은 천체가 많아."

"흠, 꼭 행성이어야 좋은 건 아니지만 뭔가 아쉽네요."

장하다가 머리를 긁적이며 말했다.

행성은 태양과 같은 별 주위를 공전하고, 둥근 모양을 유지하고, 공전 궤도에 작은 천체들이 없는 천체야. 2006년에 이러한 행성의 기준이 세워지자 본래 행성으로 분류되던 명왕성은 행성에서 제외되었어.

 왜소 행성은 어디에 있을까?

"대신에 국제천문연맹에서는 '왜소 행성'이라는 새로운 분류를 만들어서 에리스와 명왕성을 포함시켰어."

"왜소 행성이요?"

"왜소 행성은 행성보다는 작고, 소행성보다는 큰 천체를 말해. 명왕성은 왜소 행성이 되면서 이름도 '134340-명왕성'으로 바뀌었어. 그런데 말이야, 나중에 잘 관측해 보니 에리스와 명왕성은 사실 크기가 거의 비슷했어. 에리스보다 작다고 행성에서 제외되기까지 했는데, 명왕성이 참 억울했을 거 같지 않니?"

"그러게요. 처음부터 크기가 정확히 밝혀졌다면 사정이 달라졌을 수도 있었을 텐데요."

"그래서 미국에는 명왕성을 다시 행성에 포함시키자는 사람들도 있어."

"그럼 왜소 행성은 명왕성과 에리스 두 개예요?"

"아니, 현재까지 총 다섯 개야. 아래 사진을 보렴."

▼ 태양계의 왜소 행성

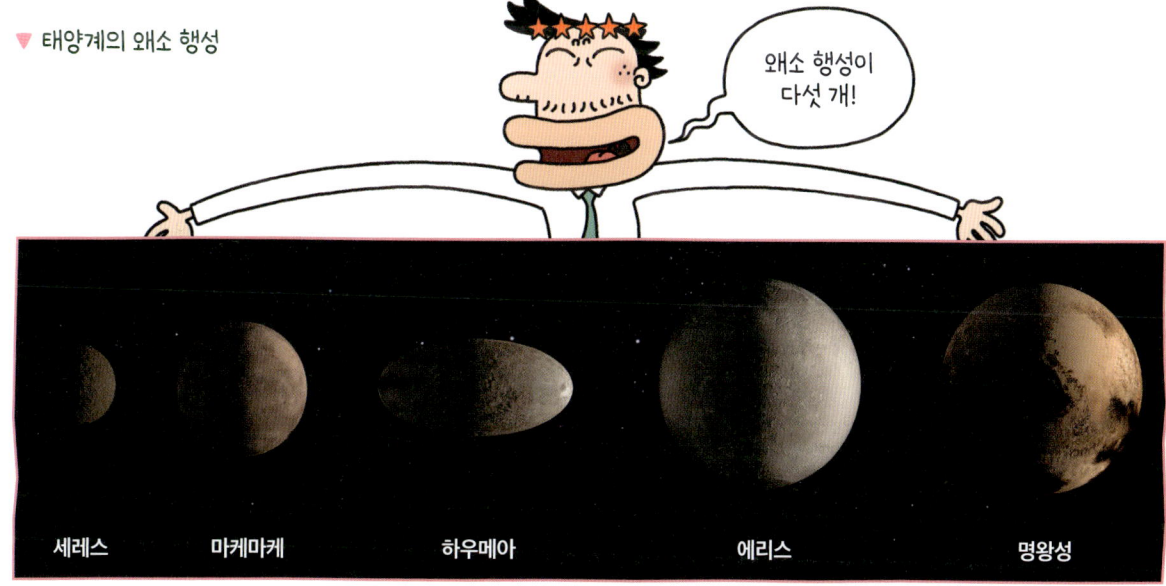

세레스　　마케마케　　하우메아　　에리스　　명왕성

> **허영심의 인물 사전**
>
> 제러드 카이퍼 (1905년 ~1973년) 미국의 천문학자야. 카이퍼가 예상한 카이퍼 띠는 이후 관측으로 증명되었어. 카이퍼는 천왕성과 해왕성의 위성을 하나씩 발견하는 업적도 남겼어.

▼ **카이퍼 띠와 오오트구름** 과학자들은 카이퍼 띠의 가장자리와 오오트구름이 약하게 연결되어 있을 거라고 추측해.

"오호! 모양도 크기도 조금씩 다르네요."

"그렇지? 과학자들은 이것 외에도 몇몇 천체를 왜소 행성의 후보로 올려놓고 계속 연구 중이란다."

"그러면 왜소 행성이 더 늘어날 수도 있겠네요?"

"그럴 수 있지. 왜소 행성 중 에리스와 명왕성, 하우메아, 마케마케는 '카이퍼 띠'라는 곳에 있어. 그리고 세레스는 '소행성대'라는 곳에 있지."

"카이퍼 띠? 소행성대? 다 처음 들어 봐요."

"먼저 카이퍼 띠는 카이퍼라는 천문학자의 연구를 바탕으로 관측해서 밝혀진 곳이야. 아까 명왕성과 에리스의 공전 궤도 주변에 얼음 알갱이나 작은 바위 같은 게 많다고 했지? 이곳이 바로 카이퍼 띠야. 카이퍼 띠는 오오트구름보다 훨씬 안쪽에 있단다."

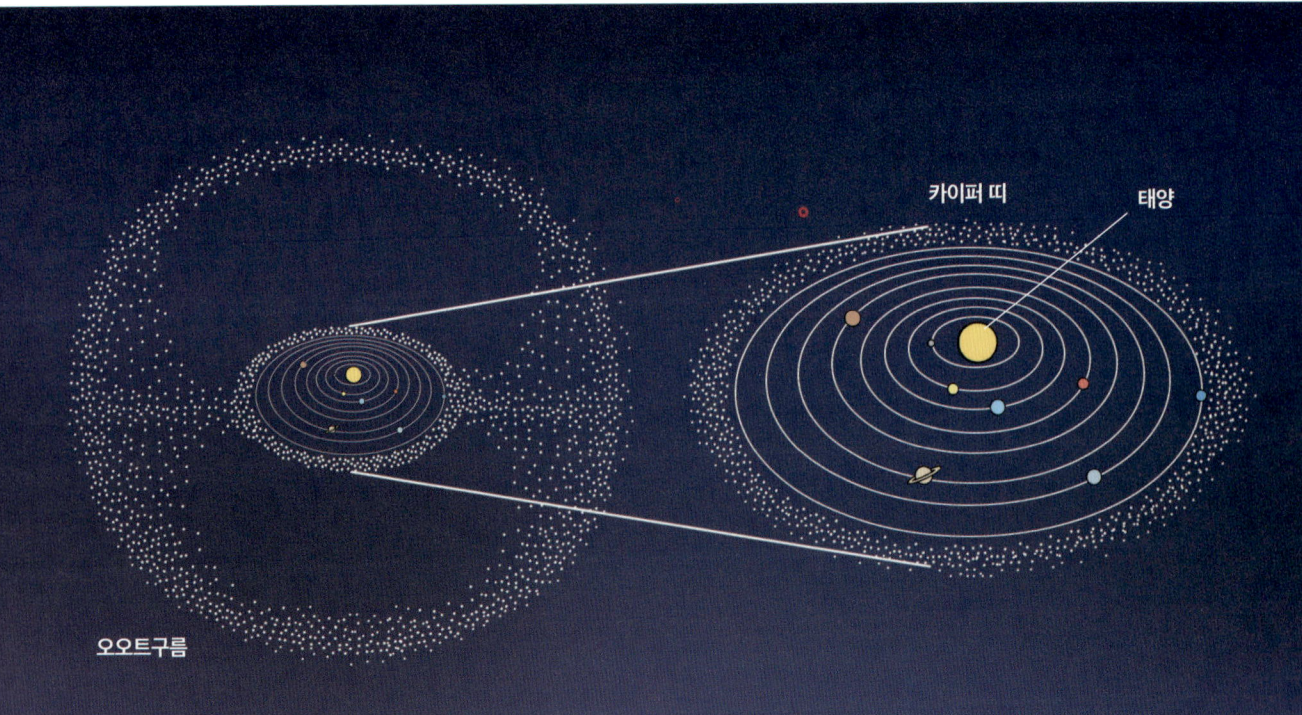

오오트구름

"오오트구름은 태양계 제일 바깥쪽에 있는 곳이니까 당연히 그보다 안쪽에 있겠네요."

"잘 기억하고 있구나. 카이퍼 띠는 해왕성의 공전 궤도 바깥쪽에 있어. 태양에서부터 거리를 따지면 지구보다 30에서 50배 정도 먼 거리에 위치하지."

"카이퍼 띠는 꼭 납작한 도넛 같이 생겼어요. 갑자기 도넛이 먹고 싶네요."

장하다가 말하자 모두들 입맛을 다셨다.

"하하, 듣고 보니 그렇구나. 지난번에 태양계의 끝을 두 가지로 볼 수 있다고 했지? 하나는 태양의 중력이 미치는 오오트구름까지이고, 또 하나는 태양풍이 멈추는 곳까지라고 말이야."

"네. 그중 태양풍이 멈추는 곳을 보이저호가 통과했다고 했죠."

"맞아. 그곳이 바로 카이퍼 띠 안에 위치한단다."

"그래요? 그럼 보이저호가 카이퍼 띠까지 간 거네요. 정말 멋져요!"

핵심정리

왜소 행성은 행성보다는 작고 소행성보다는 큰 천체로, 카이퍼 띠와 소행성대에 위치해. 카이퍼 띠는 해왕성 바깥쪽에 얼음 알갱이나 작은 바위 같은 천체들이 모여 있는 곳이야.

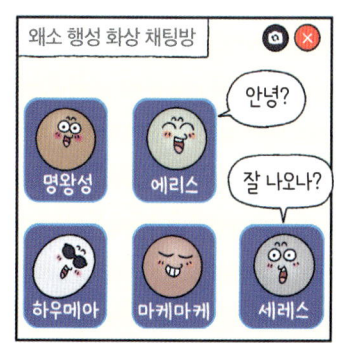

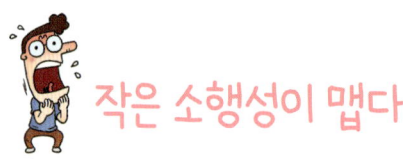 작은 소행성이 맵다

"선생님, 그럼 세레스가 있는 소행성대는 어디예요?"
왕수재가 재촉했다.
"소행성대는 화성과 목성 사이에 있어. 이곳은 왜소 행성인 세레스를 제외하면 모두 소행성들로 이루어져 있지. 이 그림을 볼래?"

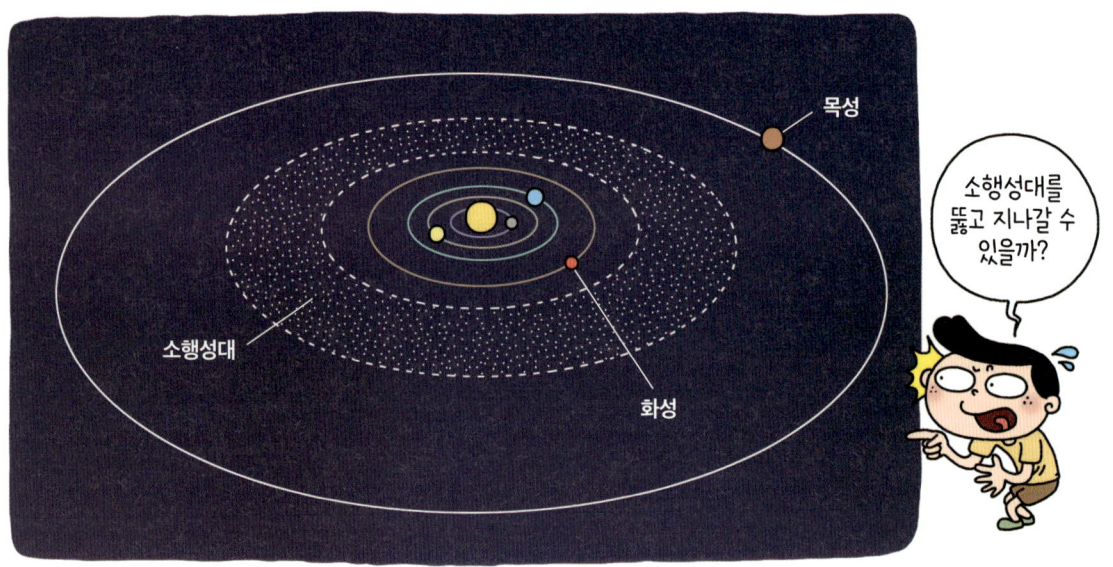

▲ **소행성대** 셀 수도 없이 많은 소행성이 모여 있는 곳으로, 화성과 목성의 공전 궤도 사이에 있어.

"우아! 저렇게 많은 소행성들이 빽빽하게 모여 있다니! 이름을 다 붙이려면 끝도 없겠어요."
"태양계에 있는 소행성 대부분이 이곳에 모여 있어. 왜소 행성과 소행성을 따로 구분하길 잘했지?"

아이들이 소행성대 그림을 보며 감탄했다. 허영심이 물었다.

"근데 소행성이 정확히 뭐예요? 작을 소(小)니까 작은 행성이라는 뜻인가요?"

"맞아. 하지만 단순히 크기가 작은 행성만을 뜻하진 않아. 태양 주위를 공전한다는 점은 행성이나 왜소 행성과 같지만, 소행성은 모양이 불규칙하고 금속이나 바위로 이루어져 있어. 크기 또한 지름이 500km나 되는 큰 것부터 1cm도 안 될 정도로 아주 작은 것까지 다양하지."

> **용선생의 과학 현미경**
> 소행성 중 지름이 1m 이하인 것들을 유성체로 나누기도 해.

"오호, 그렇군요."

"그러면요, 선생님. 보이저호처럼 목성 너머까지 날아간 우주 탐사선은 소행성대를 지났을 텐데 소행성에 부딪치지 않았나요? 우주를 배경으로 한 영화를 보면 그런 장면이 나오던데요."

"하하, 그렇게 생각하기 쉽지만 사실 소행성끼리는 서로 아주 멀리 떨어져 있단다. 실제로 우리가 소행성대를 지난다고 해도 소행성을 만나기는 힘들어. 망원경으로 소행성을 발견하기도 쉽지 않고."

"하긴 소행성대는 먼 곳에 있으니 소행성은 우리랑 크게 상관없겠네요."

▶ 다양한 크기와 모양의 소행성

"아니, 그렇지 않아. 소행성은 멀찍이서 태양 둘레를 공전하고 있지만 주위 천체의 영향을 받아 우연히 궤도가 바뀌기도 해. 그러다가 지구 쪽으로 방향을 틀 수도 있어."

"네? 그러면 지구로 날아올 수도 있다는 거예요?"

"맞아."

"그럼 어떻게 되는데요?"

"지구로 날아온 소행성은 일단 대기에 부딪쳐 엄청난 열을 받아. 대부분은 이때 불타 없어지는데, 크기가 좀 크면 다 타지 못하고 남은 조각이 땅으로 떨어지지."

"그러면요?"

"땅에 충돌하는 순간 쾅! 대폭발이 일어나면서 지진, 해일이 일어나고, 엄청난 열이 지구를 뒤덮을 거야!"

▼ 소행성이 지구에 충돌하는 모습 상상도

"으악! 완전 지구 멸망이네요!"

"그런 일이 실제로 일어나진 않겠죠?"

허영심이 걱정 가득한 표정으로 묻자 용선생이 말했다.

"오래전에 실제로 그런 일이 일어났어. 약 6500만 년 전에 지름 10 km 정도 되는 크기의 소행성이 지구에 충돌했거든. 과학자들은 이 충돌의 결과로 공룡이 멸종했다고 추측하지."

"헉! 공룡이 멸종한 게 소행성 때문이라고요?"

"그래. 그래서 과학자들은 태양계에 있는 소행성들을 계속 지켜보며 연구해. 만일 소행성이 지구로 날아올 것 같으면 충돌하기 전에 미리 파괴해야 하니까."

왕수재가 침을 꿀꺽 삼키고는 말했다.

"어휴, 소행성이 작다고 절대 무시하면 안 되겠어요."

"그럼, 작은 고추가 매운 법이니까! 이렇게 해서 태양부터 소행성까지 모두 배웠구나. 이제 태양계가 어떤 모습인지 잘 알겠지?"

"네!"

핵심정리

소행성은 행성이나 왜소 행성보다 크기가 작고, 모양이 불규칙하고, 금속이나 바위로 이루어진 천체야. 대부분 소행성대에 있어.

나선애의 정리노트

1. 태양계 천체의 구분

태양과 같은 별 주위를 공전하는가?
↓ 네
스스로의 중력으로 둥근 모양을 유지하는가?
↓ 네 　　　↓ 아니오
공전 궤도 상에 작은 천체가 없는가?　　　ⓐ
↓ 네　　↓ 아니오
행성　　ⓑ

2. 왜소 행성과 소행성

① 왜소 행성
- 행성보다 작고 소행성보다 큼.
- ⓒ _____ 와 소행성대에 위치함.
- 에리스, ⓓ _____, 하우메아, 마케마케, 세레스

② 소행성
- 모양이 불규칙하고 금속이나 바위로 이루어짐.
- 주로 ⓔ _____ 에 위치함.

ⓐ 소행성 ⓑ 왜소 행성 ⓒ 해왕성 띠 ⓓ 명왕성 ⓔ 소행성대

# 과학퀴즈 달인을 찾아라!

●정답은 119쪽에

01

친구들이 이번 시간에 배운 내용에 대해 이야기하고 있어. 옳으면 O, 옳지 않으면 X를 표시해 줘.

① 왜소 행성은 태양 주위를 공전하지 않아. (   )

② 왜소 행성과 소행성은 행성보다 크기가 작아. (   )

③ 소행성은 너무 멀리 있어서 지구와 만날 일은 없어. (   )

02

허영심이 밧줄을 타고 절벽을 건너려고 하고 있어. 밧줄에 적힌 문장 중 소행성에 대해 바르게 설명한 것을 따라가면 밧줄이 끊어지지 않고 무사히 건널 수 있어. 영심이가 무사히 건너편에 도착할 수 있게 도와줘.

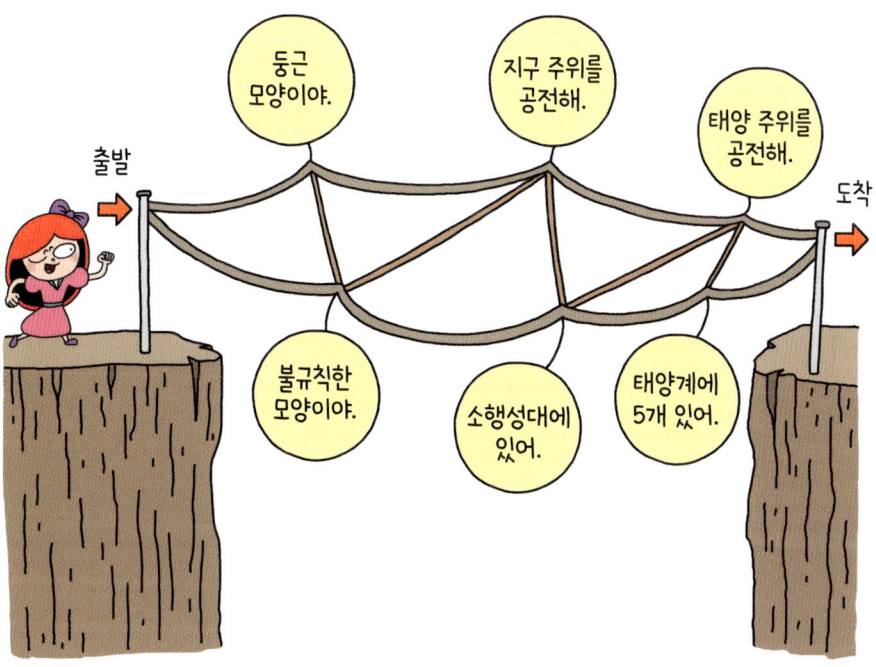

| 용선생의 과학 카페 | 용선생의 한국사 카페 | 용선생의 세계사 카페 |

https://cafe.naver.com/yongyong

용선생의 과학 카페

과학계의 핵인싸,
용선생의 과학 카페에
오신 걸 환영합니다.

Log in

오늘은 어떤 재미난 지식을 올려 볼까?

MENU
물리면 아프다
화학이 화하하
생물 오징어
지구는 둥글다

태양계의 말괄량이, 혜성

잠깐! 나를 빼놓으면 섭섭하지! 태양계에는 나 혜성도 있다고! 행성도 아니고 왜소 행성도 아니고 소행성도 아니지만 나도 엄연한 태양계 식구야.

▲ 핼리 혜성 태양 주위를 한 번 공전하는 데 76년 정도 걸려.

난 오오트구름이나 카이퍼 띠에서 태어나 길쭉한 원 모양을 그리며 태양 주위를 공전해. 공전하는 데 걸리는 시간은 혜성마다 달라. 3년이 걸리기도 하고, 수만 년이 걸리기도 하지.

내 중심에는 얼음과 바위로 이루어진 핵이 있어. 핵은 지름이 10km 정도인데, 화성 근처에 다다르면 태양열을 받아 녹기 시작해. 여기에서 먼지와 기체가 나와 핵을 감싸는데, 이 부분을 코마라 불러. 코마는 지름이 약 10만 km란다.

코마를 이루는 먼지와 기체는 태양풍에 흩날려 수백만 km에 이르는 먼지 꼬리와 기체 꼬리를 만들어. 마치 양 갈래로 묶은 말괄량이 삐삐머리처럼 말이지!

▶ 혜성의 구조 핵은 코마에 둘러싸여 보이지 않아.

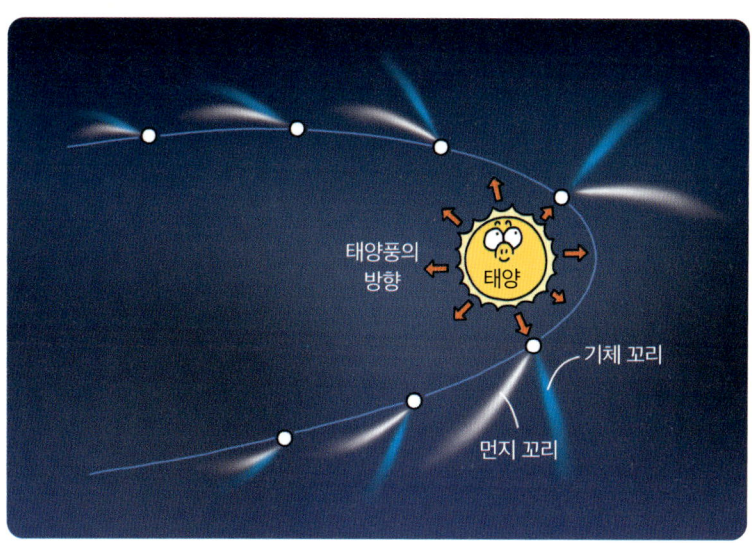

▲ **혜성 꼬리의 방향과 길이의 변화** 혜성이 태양에 가까워질수록 꼬리가 길어지고 두 꼬리의 방향이 벌어져.

기체 꼬리는 가벼워서 태양풍이 불어 나가는 방향으로 흩날리고, 먼지 꼬리는 그보다 무거워서 내가 공전하는 궤도에 좀 더 가까운 방향으로 흩날려.

내 비밀 하나 알려 줄까? 사실 난 태양과 가까워질수록 꼬리가 길어져! 태양과 멀리 있을 때에는 꼬리가 없는데 태양에 가까이 올수록 핵이 녹아서 꼬리가 생기고 점점 길어지는 거지. 그러다 태양과 멀어지면 다시 핵이 얼어붙어서 꼬리가 사라지고 말이야. 꼬리가 생겼다 없어졌다 하는 내 모습 정말 재미있지 않니? 히히!

장하다의 오답을 피하는 방법
나선애의 야무진 실험실
왕수재의 아는 척 과학교실
허영심의 별 헤는 밤
곽두기의 빅뱅 따라잡기

COMMENTS

- 혜성 같이 등장했다는 말이 이래서 생겼군.
- └ 꼬리를 달고 나왔다는 뜻?
- └ 갑자기 번쩍하며 등장했다는 뜻이지. 어휴!
- └ 헤헤, 하나 배웠네.

가로세로 퀴즈

태양계에 관한 가로세로 퀴즈야. 빈칸을 채워 봐.
띄어쓰기는 무시해도 돼.

가로 열쇠

① 태양에서 나오는 빛과 열을 통틀어 부르는 말로, 태양이 내뿜는 에너지
② 고체 상태의 이산화 탄소
③ 태양계 9번째 행성이었으나 지금은 왜소 행성이 된 천체의 원래 이름
④ 태양, 목성, 토성을 이루는 물질로, 우주에서 가장 가볍고 많은 기체
⑤ 태양에서 날아온 플라스마 입자가 극지방 부근 높은 곳의 대기에 부딪치면서 다양한 색을 내는 현상
⑥ 태양계 행성 8개 중 7번째 행성
⑦ 소행성보다 작고, 우주를 떠돌고 있는 다양한 크기의 바위 덩어리들
⑧ 유성체가 천체 표면에 떨어져 남긴 움푹 파인 자국

세로 열쇠

① 명왕성 다음으로 발견된 왜소 행성
② 우리가 살고 있는 행성
③ 기체가 강한 열을 받아 변한 상태로, 태양의 코로나에서 뿜어져 나옴.
④ 금성과 화성의 대기를 이루는 기체
⑤ 별 주위를 공전하는 천체로, 태양계에는 8개가 있음.
⑥ 태양의 중력이 영향을 미치는 끝부분으로, 작은 천체들이 공 껍질 모양으로 모여 있는 곳
⑦ 태양에 가장 가까운 행성
⑧ 우주에 있는 물체를 통틀어 일컫는 말

●정답은 119쪽에

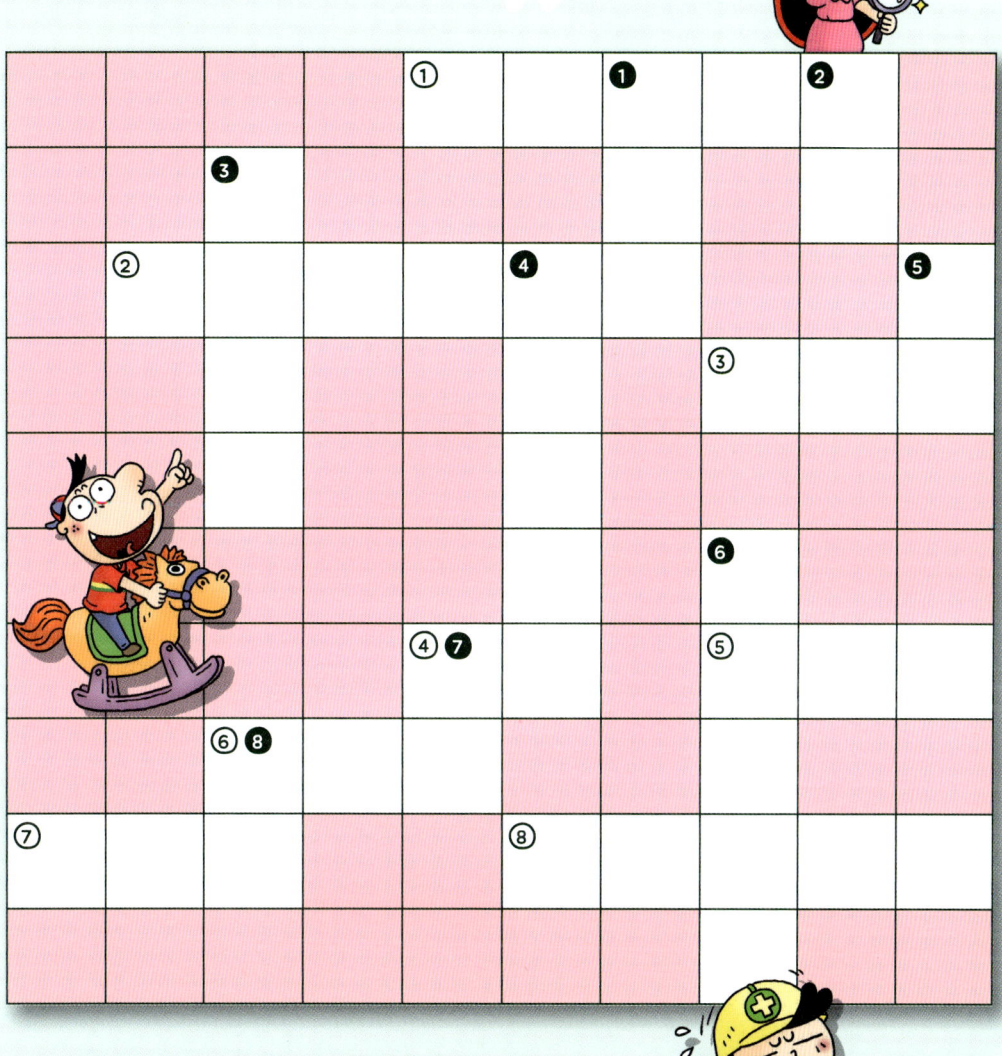

교과서 속으로

교과서에서는 어떻게 배울까?

초등 5학년 1학기 과학 | **태양계와 별**

태양계에는 어떤 구성원이 있을까?

- **태양계**
  - 태양과 태양의 영향을 받는 천체들 그리고 이들이 차지하는 공간을 말한다.
    ↳ 천체: 우주에 있는 모든 물체

- **태양계의 구성원**
  - 태양, 행성, 위성, 혜성, 소행성 등으로 구성되었다.
  - 태양계 중심에 태양이 있고, 행성의 크기는 서로 다르다.

 나는 태양계 가족 중에 왜소 행성이 있다는 것도 알고 있지.

초등 5학년 1학기 과학 | **태양계와 별**

태양계 행성의 크기는 어떨까?

- **행성의 크기**
  - 크기가 큰 행성부터 순서대로 나열하면 목성, 토성, 천왕성, 해왕성, 지구, 금성, 화성, 수성

- **크기가 비슷한 행성**
  - 수성과 화성, 금성과 지구, 해왕성과 천왕성

- **지구보다 큰 행성과 작은 행성**
  - 지구보다 큰 행성: 목성, 토성, 천왕성, 해왕성
  - 지구보다 작은 행성: 수성, 금성, 화성

 태양은 행성들과 한 그림에 담을 수 없을 정도로 엄청 커!

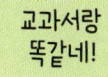

초등 5학년 1학기 과학 | 태양계와 별

태양계 행성은 태양에서 얼마나 떨어져 있을까?

- **지구에서 태양까지의 거리**
  - 약 1억 5000만 km
    ↳ 한 시간에 4km를 걸어서 간다면 약 4,300년이 걸린다.
    ↳ 한 시간에 900km를 가는 비행기를 타고 간다면 19년이 걸린다.

- **태양에서 지구보다 가까이 있는 행성과 멀리 있는 행성**
  - 태양에서 지구보다 가까이 있는 행성: 수성, 금성
  - 태양에서 지구보다 멀리 있는 행성: 화성, 목성, 토성, 천왕성, 해왕성

 해왕성은 태양에서 지구보다 30배나 멀대!

중 2학년 과학 | 태양계

태양

- **태양의 표면: 광구**
  - 쌀알 무늬: 태양 내부의 대류 현상 때문에 생긴다.
  - 흑점: 주변보다 온도가 낮고 태양의 자전 때문에 움직인다.

- **태양의 대기**
  - 채층: 광구를 둘러싸고 있는 붉은빛을 내는 층으로, 두께는 약 1000 km이다.
  - 코로나: 채층 위에 청백색을 띠는 층으로, 두께는 수백만 km이다.

 우리가 배운 거랑 똑같네! 중학교 과학도 별거 없군.

찾아보기

갈릴레이 81-82
개밥바라기별 47, 49-50, 57
고리 47, 55, 65, 80-84, 92, 94-95
공전 20, 31, 47-48, 50, 55, 58, 65, 71, 74-76, 81, 83, 94-95, 99-102, 104-107, 110, 112-113
광구 34-39, 41-42
국제천문연맹 101-102
궤도 15, 26, 48, 50, 55, 74, 94, 99-102, 104-106, 108, 110, 113
금성 20, 23-27, 31, 47-58, 65, 69, 71, 74-75, 85, 89, 91, 99
달 20-21, 24, 26-27, 31, 34, 38, 47, 51, 56-58, 82, 100, 109
대기 38-39, 41-42, 51-54, 56-58, 60-61, 67, 69, 71, 86-92, 94-95, 108
대류 32, 35
대류층 32, 35-36, 42
대적반 88-89, 92, 95
드라이아이스 69-71
명왕성 98-105, 110
목성 19-20, 22-24, 26-27, 48, 60-61, 80-81, 83-92, 94-95, 99, 106-107
베네라호 53
보이저호 12-13, 16-19, 24, 83, 92, 105, 107
복사 32
복사층 32, 34, 42
산화 철 66, 76
샛별 46-47, 49-50
소행성 20-21, 24, 52, 99, 103, 105-110, 112
소행성대 104-107, 109-110

수성 20, 22-24, 26-27, 48, 55-58, 85, 94, 99
수소 32-34, 38-39, 42, 87, 89, 90-92, 94-95
수증기 87
쌀알 무늬 35-37, 42
에리스 100-105, 110
오로라 40
오오트구름 15-18, 24, 104-105, 112
온실 효과 53-54, 58, 69
올림푸스 화산 67
왜소 행성 20-21, 24, 102-107, 109-110, 112
위성 20-21, 24, 47, 55, 61, 65, 81, 83, 94-95, 100, 104
유성체 52, 54, 56, 107
융합 33-34
이산화 탄소 51-54, 58, 69-71, 76
자전 37, 42, 47, 49, 55, 65-66, 74, 81, 83, 87-92, 94-95
주기 35-36, 47, 55, 65, 81, 83, 94-95
중력 14-17, 24, 33, 56, 67, 82, 85, 90, 101, 105, 110
지구 13-16, 18-25, 26-27, 30, 32-33, 38-40, 42, 47-58, 60-61, 64-69, 71, 73-76, 81-83, 85-86, 88-89, 91-92, 94-95, 99, 105, 108-109
채층 39, 41-43
천왕성 20, 22-24, 48, 85, 94-95, 99, 104
천체 13-24, 26, 31-32, 37, 51-53, 56, 60, 66, 75, 82, 100-105, 108-110

충돌 구덩이 52-53, 56-58
카이퍼 띠 104-105, 110, 112
코로나 39, 41-42
태양 13-24, 26-27, 31-35, 37-39, 41-42, 47-51, 55-58, 60, 71, 73-76, 85, 90, 94-95, 99-102, 105, 107-110, 112-113
태양 에너지 33-34, 42
태양계 12-24, 26-27, 31, 47, 53, 57, 60-61, 65, 67, 81, 85, 89-92, 94-95, 98-100, 102-103, 105-106, 109-110, 112
태양풍 17-19, 24, 38, 40-42, 56, 105, 112-113
토성 19-20, 22-24, 26-27, 48, 80-86, 89-92, 94-95, 99
톰보 99
플라스마 17-18, 24, 40-41
하위헌스 82
해왕성 18, 20, 22-24, 94-95, 99-100, 105
핵 32-34, 61, 86-87, 89, 112-113
행성 19-24, 26, 31, 47-48, 52, 55-57, 60-61, 65, 69, 71, 81, 83, 85-86, 89-92, 94-95, 98-103, 105, 107, 110, 112
헬륨 32-34, 38-39, 42, 87, 89, 91-92, 94-95
혜성 20-21, 24, 112-113
화성 20, 22-24, 26-27, 31, 48, 60, 64-76, 85, 89, 91, 99, 106, 112
흑점 35-37, 42

퀴즈 정답

1교시

01 ① X   ② O   ③ X

02

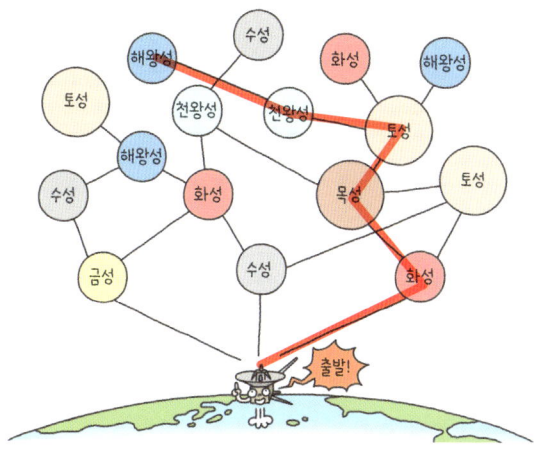

2교시

01 ① O   ② X   ③ X

02

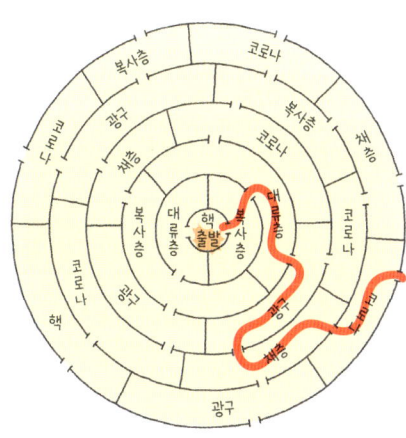

3교시

01 ① ✕   ② ○   ③ ✕

02

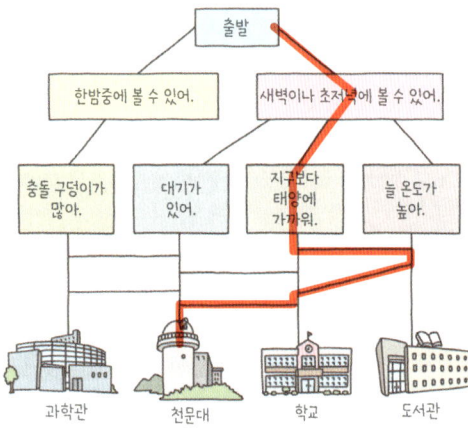

4교시

01 ① ✕   ② ✕   ③ ○

02

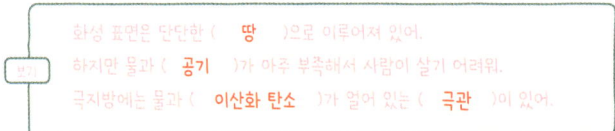

화성 표면은 단단한 (땅)으로 이루어져 있어.
하지만 물과 (공기)가 매우 부족해서 사람이 살기 어려워.
극지방에는 물과 (이산화 탄소)가 얼어 있는 (극관)이 있어.

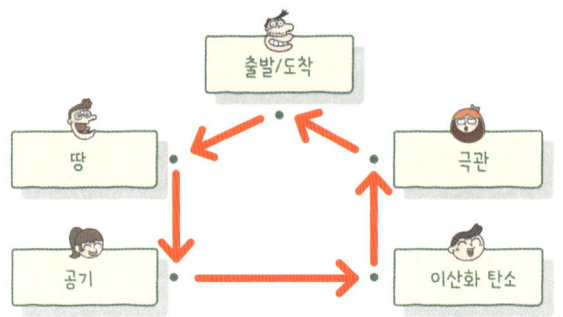

5교시

01   ① O   ② X   ③ X

02   ① 수소   ② 고리   ③ 적도

6교시

01   ① X   ② O   ③ X

02

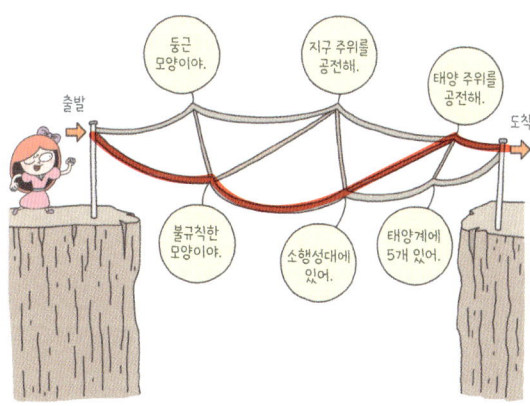

가로세로 퀴즈

				①태	양	❶에	너	②지
		❸플				리		구
	②드	라	이	아	④이	스		❺행
		스			산		③명	왕	성
		마			화		
					탄		❻오
				④❼수	소		⑤오	로	라
		⑥❽천	왕	성			트
⑦유	성	체			⑧충	돌	구	덩	이
							름

일러두기

- 맞춤법과 띄어쓰기는 국립국어원에서 펴낸《표준국어대사전》을 따랐습니다.
- 과학 용어 표기는《2015 개정 교육과정에 따른 교과용도서 개발을 위한 편수자료Ⅲ 기초과학, 정보 편》을 따랐습니다.
- 이 책에 실린 사진은 저작권자로부터 사용 허가를 받았습니다. 저작권자와 접촉하기 위해 최선을 다했으나 불가피한 사정으로 사용 허가를 받지 못한 일부 사진에 대해서는 저작권자와 연락이 닿는 대로 게재 허락을 받고 사용료를 지불하겠습니다.
- 이 책에 실린 그림의 저작권은 별도의 표기가 없는 한 사회평론에 있습니다.

사진 제공

10-11쪽: Science Photo Library(Alamy Stock Photo) | 13쪽: NASA | 23쪽: 퍼블릭도메인 | 27쪽: 퍼블릭도메인 | 35쪽: NASA | 37쪽: Science History Images(Alamy Stock Photo) | 40쪽: Phil Degginger(Alamy Stock Photo) | 54쪽: NASA | 55쪽: NASA | 56쪽: NASA | 62-63쪽: NASA/JPL-Caltech/MSSS | 65쪽: ESA - European Space Agency & Max-Planck Institute for Solar System Research for OSIRIS Team ESA/MPS/UPD/LAM/IAA/RSSD/INTA/UPM/DASP/IDA(wikimedia commons_CC3.0) | 67쪽: KEES VEENENBOS(SCIENCE PHOTO LIBRARY), ESA/DLR/FU Berlin, Stocktrek Images, Inc.(Alamy Stock Photo) | 70쪽: Granger Historical Picture Archive(Alamy Stock Photo) | 72쪽: 퍼블릭도메인 | 81쪽: NASA | 82쪽: 퍼블릭도메인, 퍼블릭도메인 | 82-83쪽: NASA | 83쪽: NASA | 84쪽: NASA | 87쪽: NASA | 88쪽: NASA | 89쪽: NASA | 94쪽: NASA | 103쪽: Diego Barucco(Alamy Stock Photo) | 112쪽: 퍼블릭도메인, E. Kolmhofer, H. Raab; Johannes-Kepler-Observatory, Linz, Austria(wikimedia commons_CC3.0) | 그 외: 셔터스톡

용선생의 시끌벅적 과학교실 | 태양계

1판 1쇄 발행	2020년 4월 23일
1판 7쇄 발행	2025년 1월 20일
글	김형진, 설정민, 이명화
그림	김인하, 뭉선생, 윤효식
감수	맹승호
캐릭터	이우일
어린이사업본부	이승필
책임편집	최미라
편집	정세민, 이명화, 홍지예, 김미화, 최예리, 윤성진
마케팅	윤영채, 정하연, 안은지, 박찬수
경영지원본부	나연희, 주광근, 오민정, 정민희, 김수아, 김승현
아트디렉터	강찬규
디자인	가필드
사진	북앤포토
펴낸이	윤철호
펴낸곳	(주)사회평론
전화	02-326-1182
팩스	02-326-1626
주소	03993 서울시 마포구 월드컵북로6길 56 사평빌딩
출판등록	1993년 10월 6일 제 10-876호

© 사회평론, 2020

ISBN 979-11-6273-098-0 73400

- 이 책 내용의 일부나 전부를 다시 사용하려면 저작권자와 사회평론의 동의를 받아야 합니다.
- 잘못 만들어진 책은 바꾸어 드립니다.

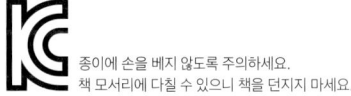

종이에 손을 베지 않도록 주의하세요.
책 모서리에 다칠 수 있으니 책을 던지지 마세요.